Gerit Kopietz und **Jörg Sommer** sind beide 1963 geboren, miteinander verheiratet und leben mit ihren vier Kindern auf einem Bauernhof. Sie arbeiten heute beide als freie Autoren. In der Fischer Schatzinsel sind noch weitere Abenteuer von Z.A.P. erschienen: »Die geheimnisvolle Villa« (Bd. 80351), »Jagd nach den Turbo-Skates« (Bd. 80370), »Rettet die Affen« (Bd. 80371) und »Die Spur der falschen Hunderter« (Bd. 80397).

Andi Wolff, geboren 1967, ist Graphiker und Illustrator. Er illustriert Kinder- und Jugendbücher und zeichnet Karikaturen.

Unsere Adresse im Internet: www.fischer-tb.de

Gerit Kopietz/Jörg Sommer

Z.A.P.

Der interaktive Krimi zum Mitraten

Der Millionen-Basketball

Fischer Taschenbuch Verlag

Fischer Schatzinsel
Herausgegeben von Eva Kutter

Veröffentlicht im Fischer Taschenbuch Verlag
einem Unternehmen der S. Fischer Verlag GmbH,
Frankfurt am Main, Juni 2002

Lizenzausgabe mit freundlicher Genehmigung
des KeRLE Verlags, Freiburg, Wien

Satz: Pinkuin Satz und Datentechnik, Berlin
Druck und Bindung: Clausen & Bosse, Leck
Printed in Germany
ISBN 3-596-80396-9

Nach den Regeln der neuen Rechtschreibung

Dies ist kein Buch!

O nein, beim besten Willen nicht. Wenn du einfach »nur« ein Buch lesen möchtest, dann wirst du dein blaues Wunder erleben.

Auch wenn es von außen gar nicht so aussieht: Die kommenden Seiten haben es in sich. Gefährliche Aufgaben, geheimnisvolle Gesellen, fast unlösbare Rätsel, schurkische Bösewichte und fürchterliche Gefahren warten auf dich. Wie dieses außergewöhnliche Abenteuer verläuft, das weiß noch niemand.

Denn anders als bei herkömmlichen Büchern entscheidest diesmal DU über den Verlauf der Geschichte. Die jungen Detektive von Z.A.P., zu denen auch du gehörst, stoßen während ihres Abenteuers immer wieder auf knifflige Rätsel und schwierige Situationen. Dann bist es oftmals nur du, der weiterhelfen kann. Dein detektivischer Sachverstand, dein Gedächtnis, dein Mut und manchmal auch dein Glück entscheiden dann darüber, ob ihr Helden eure Aufgabe lösen könnt.

Also denke lieber dreimal nach, bevor du eine Entscheidung triffst. Der kleinste Fehler kann furchtbare Folgen haben.

Glaube also nicht, dass ihr immer mit heiler Haut davonkommt. Doch nicht verzagen, wenn euch das Schicksal einmal übel mitspielt. Mit etwas Grips schafft ihr es bestimmt, ohne größere Katastrophen das Abenteuer erfolgreich zu beenden und die Bösewichter zur Strecke zu bringen. Denn schließlich ist Z.A.P. eine clevere Truppe.

Kein Fall, kein Rätsel, keine Aufgabe, sei sie auch noch so verworren und gefährlich, kann euch von eurem Ziel abbringen. Ihr seid echte Profis. Wir jedenfalls drücken dir und deinen Kumpels ganz kräftig sämtliche Daumen.

Nun aber hinein in das aufregendste Abenteuer deines Lebens ...

Die Spielregeln

Die kommenden Stunden werden kein Zuckerschlecken für dich. Das wird dir wohl klar sein. Was dir aber vielleicht noch nicht so klar ist, ist die Art und Weise, wie du spielen sollst. Kein Problem! Die Regeln für dieses einmalige Abenteuer sind kurz, klar, einfach und genau. Falls du im Spiel dennoch einmal nicht weiterweißt, kannst du sie jederzeit wieder nachlesen.

Du wirst beim ersten Durchblättern bereits gesehen haben, dass dieses Buch aus einer ganzen Menge nummerierter kleiner Kapitel besteht. Diese wirst du allerdings nicht der Reihe nach durchlesen. Zwar beginnst du bei 1, aber dein Weg zum Ziel wird sehr verschlungen sein.

Jedes Kapitel stellt dich und deine Freunde von Z.A.P. vor eine neue komplizierte Situation. Mit Erfahrung und ein wenig Glück kannst du sie so lösen, dass der Weg euch etwas weiter in Richtung Ziel führt. Wie du diese Probleme lösen kannst, werden dir die folgenden Zeilen verraten.

Die Abenteuerkarte

Deine Abenteuerkarte findest du am Ende des Buches. Sie begleitet dich bei deinen unglaublichen Erlebnissen. Auf ihr notierst du viele Dinge, die wichtig für dich sind. Um welche Dinge es dabei geht, erfährst du etwas später. Wenn du möchtest, dann mache vor dem Spiel eine Kopie davon. Du hast dann länger Freude an diesem Buch.

Gegenstände

Immer wieder werdet ihr über Gegenstände stolpern, die manchmal sehr geheimnisvoll, manchmal sehr überflüssig und manchmal sehr gefährlich aussehen. Oft könnt ihr sie mitnehmen. Vieles davon könnt ihr später einmal dringend gebrauchen. Aber was? Das eben ist euer Risiko. Denn ihr könnt nie mehr als fünf Gegenstände mit euch führen. Wollt ihr darüber hinaus einen neuen einpacken, so muss ein alter abgegeben werden. Klar?

Geld

Zu guter Letzt werdet ihr auch nicht ganz ohne Geld auskommen. Es kann sein, dass ihr es für verschiedene Dinge ausgeben müsst. Vielleicht fällt euch während des Spiels aber auch wieder Geld in den Schoß? Trage für den Anfang stolze Euro 20,00 in den Geldsack deiner Abenteuerkarte ein. Ein Tipp unter Freunden: Immer schön sparsam sein!

Rätsel

Der Weg durch dieses geheimnisvolle Abenteuer ist gepflastert mit kniffligen Rätseln und schwierigen Aufgaben. Nicht immer werdet ihr die Lösung auf Anhieb finden. Dann ist Nachdenken angesagt. Wenn auch das nicht zum Erfolg führt, hilft nur noch raten. Da bleibt es nicht aus, dass ihr euch auch einmal für die falsche Lösung entscheidet.

Doch keine Panik. Das ist nicht gleich der Weltuntergang. Zwar kann eine falsche Entscheidung einige Unannehmlichkeiten mit sich bringen, doch ihr habt immer wieder eine Chance, auf den richtigen Weg zurückzukehren. Also: niemals aufgeben!

Es geht los ...

Das Abenteuer wartet. Alles, was du jetzt noch brauchst, sind ein paar ungestörte Stunden. So richtig ideal dafür ist ein verregneter Sonntagnachmittag. Bevor du anfängst, solltest du aber die nächste Mahlzeit schon mal abbestellen und am besten die Zimmertüre abschließen, denn wer einen spannenden Kriminalfall lösen will, der kann dabei absolut keine Störung gebrauchen.

Auf dich und deine Freunde von Z.A.P. wartet eine schwere Aufgabe. Ihr müsst die Unschuld eines Menschen beweisen, dem ein schweres Verbrechen vorgeworfen wird. Das gelingt nur, wenn ihr die wahren Täter findet. Doch wie soll euch das gelingen – wo sogar die Polizei im Dunkeln tappt? Noch dazu wollt ihr euch eigentlich auf ein großes Streetbasket-Turnier vorbereiten. Aber: Die Pflicht ruft und mit ein bisschen Glück, einer Menge Scharfsinn und noch mehr Basketbällen gelingt es euch, die wahren Bösewichter zur Strecke zu bringen – vielleicht.

KAPITEL 1
DAS ÜBERRASCHUNGSEI
4

Das Basketballspiel des Jahrhunderts. Z.A.P. gegen die weltbeste Mannschaft: Die Chicago Bulls. Fünf baumlange schwarze Riesen. Es sind nur noch wenige Sekunden zu spielen und es steht 98:98 Punkte. Du bekommst den Ball in die Hand, direkt auf der Mittellinie. Die Halle kocht, zweitausend Zuschauer starren gebannt auf dich. Du schaust auf die große Hallenuhr, noch 12 Sekunden. Zwei Gegenspieler stürzen auf dich zu. Jetzt oder nie. Du dribbelst rasch zur Seite. Umgehst einen Gegner, dann noch einen. Die Zeit verrinnt. Noch 6 Sekunden. Keine Chance, näher an den Korb zu kommen. Du musst alles auf eine Karte setzen.

➜ *Spielst du den Ball zu einem Mannschaftskameraden?* 11

➜ *Oder hast du den Mumm, den unmöglichen Schuss zu versuchen?* 7

1

Stöhnend machst du dich an die Arbeit. Wenn Mathe nur nicht so verflixt kompliziert wäre ...

Nach einer halben Ewigkeit bist du fertig und klappst mit einem tiefen Durchatmen dein Heft zu. Rasch verstaust du alles in deiner Schultasche. Dein Weg führt dich in die Küche. Mal sehen, was es im Kühlschrank so zu plündern gibt. Mmmh, lecker: Im Gefrierfach steht noch ein Riesenbecher Vanilleeis.

➜ *Du schnappst dir einen großen Salatlöffel und machst dich über den Becher her.* 15

2

Ihr wartet und wartet und wartet ...

Jana kommt nicht wieder. So lange kann es doch nicht dauern, die Überraschung zu holen!

→ *Ihr geht nachschauen.* 5

→ *Ihr gebt Jana noch weitere fünf Minuten Zeit. Sie wird gleich kommen.* 27

3

So ein Handy gehört eigentlich zur Standardausrüstung jedes erfolgreichen Detektivs. Nur leider ist ein Schülertaschengeld nicht ganz die richtige Größenordnung dafür. Umso besser, dass dein Vater dir heute seinen Apparat leiht – auch wenn er nichts davon weiß.

✔ *Trage »Handy« auf deiner Abenteuerkarte ein.*

Du packst das Handy ein und schaust auf die Uhr. Kurz vor drei. Du musst dich beeilen.

→ *Möchtest du direkt zum Basketballplatz flitzen?* 26

→ *Oder machst du einen kleinen Umweg und überraschst Kai mit deinem Handy?* 24

4

Die Streifenpolizisten und die Basketballer reden miteinander. Ihr könnt nicht verstehen, was sie sagen – aber es scheint irgendwie um Jana zu gehen. Jetzt reicht es euch. Ihr geht hinunter zu der Versammlung. Doch die Beteiligten beachten euch nicht weiter. Ihr könnt gerade noch den Rest der Unterhaltung mithören, als einer der Polizisten sich an Jana wendet: »Das ist also Ihr Basketball?« Jana schimpft zurück: »Was sonst, wie ein Regenschirm sieht er ja nicht aus, oder?« Der große Basketballer schaltet sich wieder ein: »Günther, du weißt, dass wir hier für die Basketballmeisterschaft der Bereitschaftspolizei trainieren. Nun, heute hat unser Ball verdammt viel Luft verloren und wir hatten keine Ballpumpe dabei. Da haben wir uns den Ball dieser jungen Dame ausgeliehen. Doch bereits beim ersten Slam Dunc platzte er auf – das Ergebnis siehst du vor dir. Wenn das nicht der Schmuck ist, der dem Sport-Shop-König Pfeiffer geraubt wurde, fress ich meine Dienstmarke.«

✔ *Der Streifenpolizist nickt: »Damit dürfte alles klar sein.«* 25

5

Kurz entschlossen stapft ihr gemeinsam über den Hügel. Was ihr jetzt seht, verschlägt euch die Sprache.

→ *Nichts wie hin, die Typen wollen Jana was antun!* 8

→ *Irgendwas stimmt da ganz und gar nicht. Ihr beobachtet weiter.* 21

6

Z.A.P. ist eigentlich keine Basketballmannschaft, sondern ein Detektivteam. Und obendrein noch eine ausgesprochen erfolgreiche Truppe. Zu Z.A.P. gehören:

Kai Krenzer

ist zwar nur ein mittelmäßiger Schüler, aber als Detektiv ist er allererste Sahne. Kunststück – kennt er doch alle großen Detektivromane auswendig. Wenn Kai erst einmal Verdacht geschöpft hat, ist kein Ganove vor ihm und seinem selbst gebauten Supercomputer »Napoleon« sicher. Voll Optimismus fiebert er zusammen mit seinen Freunden Jo, Sabrina, Smarty und Sherlock jedem richtig großen Fall entgegen.

Joachim Henken, genannt Jo

Klassenkamerad von Kai und bester Skater seiner Schule. Er ist zwar einen Kopf kleiner als seine Freunde, aber dafür um Lichtjahre schneller. Steht total auf geröstete Pistazien und überhaupt nicht auf Schule.

Sabrina Henken

ist genau zehneinhalb Monate jünger als ihr Bruder Jo und geht in die gleiche Klasse (denn der große Bruder hat im letzten Jahr eine Ehrenrunde gedreht). Sie liest Bücher im Dutzend – am liebsten Pferderomane. Ein eigenes Pony wäre ihr Traum, bis dahin lernt sie alles über Pferde auswendig. In der Schule hat sie die besten Noten und alle Lehrer halten sie für brav und angepasst, dabei hat sie es faustdick hinter den Ohren …

Martin Connelly, genannt Smarty

hat eine deutsche Mutter und einen amerikanischen Vater. Surft nächtelang im Internet und beschert seinen Eltern auf diese Weise dreistellige Telefonrechnungen. Hat eine chronische Abneigung gegen alles, was nach Sport riecht. Sein bester Freund ist seine Ratte.

Dr. Seltsam

Weiß, schnell und rattenmäßig clever. Hauptwohnsitz: das Kapuzen-Shirt von Smarty. Smartys Freunde sind auch ihre Freunde. Wer jedoch nicht Smartys Freund ist, hat Megapech.

DU, genannt Sherlock

Du, jawohl, genau DU, lieber Leser, bist das wichtigste Mitglied der Detektivbande um Kai und Co. Deinen Spitznamen hast du nach dem berühmten Meisterdetektiv Sherlock Holmes bekommen. Denn immer, wenn keiner weiterweiß, bleibt alles an dir hängen – dann musst du entscheiden. Ob du willst oder nicht.

Polizeihauptkommissar Kuckelmann

weiß zwar viel, aber nicht alles. Sein Leben wäre viel angenehmer, wenn ihm die Nachwuchsdetektive nicht immer einen Schritt voraus wären. Als Hauptkommissar hat er ohnehin schon genug zu tun. Da kann er nicht auch noch den Babysitter spielen.

Bruder Jakob

wohnt in einem ehemaligen Stellwerk der Eisenbahn. War früher einmal Pfarrer und lebt heute als Einsiedler zufrieden mit sich und der Welt. Er ist ein Freund der Kinder, kocht für sein Leben gern und steht suchenden Menschen stets mit offenem Herzen und wertvollen Ratschlägen zur Seite.

Oma Schnur

lebt im selben Haus wie Jo und Sabrina Henken und ist ein wenig wunderlich. Sie hört etwas schlecht, weshalb sie ihre Lieblingsmusik stets voll aufdrehen muss. Zum großen Leidwesen ihrer Nachbarn steht die alte Dame ausgerechnet auf Rockmusik. Sie erzählt ebenso gerne wie reichlich Geschichten, liebt alle Kinder und verteilt bei jeder Gelegenheit fürchterlich schmeckende Lakritzbonbons.

Dr. Gerold Stein

ist der Klassenlehrer von Kai und den anderen. Er hat teilweise recht merkwürdige Methoden und die unangenehme Eigenschaft, ständig mehr zu wissen, als er eigentlich wissen dürfte.

Jana Riedel

ist Buchhändlerin in der größten Buchhandlung am Ort und weiß so gut wie alles. Wenn sie etwas nicht weiß, weiß sie wenigstens, in welchem Buch man nachschlagen kann. Sie ist die große Kusine von Kai und hilft den Kindern immer wieder mit den richtigen Informationen – und die sind für Detektive bekanntlich Gold wert. Sie hat Mumm, und wenn es drauf ankommt, dann wagt sie sich auch höchstpersönlich in die Höhle des Löwen ...

Nun kennst du die wichtigsten Personen. Einige mehr wirst du in diesem Abenteuer noch kennen lernen.

➜ *Doch wie wäre es, wenn du deinen Geist mal ein wenig auf den Unterricht lenken würdest?* 28

7

Der Korb scheint meilenweit entfernt, doch du riskierst es: Kurz peilst du an, dann der Wurf. Atemlose Stille in der Halle. Alle schauen gebannt auf den Ball. Der fliegt höher und höher, fast bis zur Hallendecke. Er scheint kurz in der Luft zu stehen. Mit rasender Geschwindigkeit kommt er herunter. Noch zwei Sekunden, noch eine. Das Wunder geschieht. Der Ball rauscht direkt durch den Korb. Nur eine Zehntelsekunde später ertönt der

Schlusspfiff. Gewonnen! Deine Mannschaft stürzt auf dich zu. Die Sensation! Du ganz allein hast den Sieg in letzter Sekunde erkämpft.

Mitten im Freudentaumel dringt eine Stimme an dein Ohr: »Sherlock, pssst, Sherlock. Aufwachen!«

➜ *Was ist das?* 19

8

Zu fünft stürmt ihr den Hang hinunter. Dabei schreit ihr aus voller Kehle. Dr. Seltsam springt aus Smartys Kapuze und knurrt ebenfalls auf Teufel komm raus. Doch die Typen, die Jana in ihrer Gewalt haben, geben sich unbeeindruckt. Wenige Meter vor ihnen stoppt ihr ab. Immerhin sind es ein Dutzend gut gebauter Leistungssportler. Vielleicht ist reden doch die bessere Taktik. Sabrina ist in solchen Fällen immer eure beste Waffe: »Gibt es einen Grund, warum Sie Jana festhalten?« Ein besonders großer Typ antwortet: »Und ob! Seht ihr den Schmuck dort neben dem Basketball? Das ist wahrscheinlich der Schmuck aus dem Pfeiffer-Raub!« Ihr versteht nur Bahnhof. In diesem Moment kommen zwei Streifenwagen auf den Platz gefahren. »Na, endlich!«, raunt ein Sportler aus der Mitte der Gruppe.

➜ *Die Polizisten kommen zu euch herüber.* 12

9

Oh, was entdeckt da dein geschultes Detektivauge im Mundinger Tagblatt von heute? Ein Millionenraub in Mundingen? Du liest weiter:

»Mehrere wertvolle Schmuckstücke wurden am vergangenen Wochenende aus der Villa Pfeiffer entwendet. Der bestohlene Besitzer Maximilian Pfeiffer, Inhaber der berühmten Pfeiffer-Sport-Shop-Kette, trägt den Vorfall mit Fassung. Von den Tätern fehlt bislang jede Spur. Hauptkommissar Kuckelmann, der die Ermittlungen leitet, erklärte gegenüber unserem Redakteur: ›Glücklicherweise haben wir ein genaues Verzeichnis aller gestohlenen Stücke.‹ Nach Angaben der Polizei befand sich darunter auch eine kostbare Diamanten-Halskette, die alleine nahezu 400 000 Euro wert sein soll.«

Hoppla, das riecht förmlich nach einem neuen Fall für Z.A.P. Den Artikel musst du deinen Freunden zeigen. Du packst das Mundinger Tagblatt ein.

✔ *Trage »Zeitung« als Gegenstand auf deiner Abenteuerkarte ein.*

Dann wirfst du einen Blick auf die Uhr. Kurz vor drei.

➜ *Nun musst du dich aber beeilen, sonst setzt es einen Rüffel von Jana.* 26

10

Nichts gegen Computerspiele, aber solange Computer keine Hausaufgaben machen können ...

Ewigkeiten sitzt du heute dran. Typisch Lehrer. Manchmal gibt es fast gar keine Hausaufgaben, an anderen Tagen brummt einem jeder einzelne von ihnen eine ganze Stunde auf. – Natürlich immer genau dann, wenn man was anderes vorhat.

Du reißt dich zusammen und um kurz vor zwei bist du so gut wie fertig. Es fehlen nur noch zwei kleine Rechenaufgaben. Die könntest du auch eigentlich noch heute Abend machen. Oder?

→ *Wenn du in deiner letzten Mathe-Arbeit mindestens eine 3 hattest (aber nicht schwindeln), dann kannst du dein Buch zuklappen und vor dem Training noch kurz bei Kai vorbeischauen.* 19

→ *Andernfalls hilft alles nichts: Du musst noch weiterschuften.* 1

11

Der Korb scheint meilenweit entfernt, zu weit für einen Wurf. Doch du siehst, wie dein Mannschaftskamerad Jo sich freiläuft, und passt ihm knallhart und präzise zu. Jo fängt den Ball und dribbelt los. Wendig wie ein Affe umspielt er erst einen, dann einen zweiten Verteidiger. Er steigt hoch zu einem Korbleger, wird aber böse gefoult. Der Ball geht daneben. Der Pfiff des Schiedsrichters bleibt aus. Das Spiel ist vorbei. Ihr habt verloren. Zwar ehrenhaft, aber Niederlage ist Niederlage. Gebeugt schleicht ihr aus der Halle – während eure Gegner vom Publikum gefeiert werden.

Mitten in deinen Seelenschmerz dringt eine Stimme an dein Ohr: »Sherlock, pssst, Sherlock. Aufwachen!«

➜ *Was ist das?* 19

12

Die Polizisten kümmern sich nicht weiter um euch. Sie bauen sich vor Jana auf, die von zwei mächtigen Sportlern festgehalten wird. Einer der Polizisten wendet sich an den größeren der beiden: »Das ist also die Verdächtige?« »Ja, Günther. Wir hatten dich gerade angerufen, da kam sie über den Hügel spaziert. Sie wollte uns sogar noch ausschimpfen, weil wir ihren Basketball kaputtgemacht haben.« Der Polizist wendet sich an Jana: »Das ist also Ihr Basketball?« Jana schimpft zurück: »Was sonst, wie ein Regenschirm sieht er ja nicht aus, oder?« Der große Basketballer schaltet sich wieder ein: »Günther, du weißt, dass wir hier für die Basketballmeisterschaft der Bereitschaftspolizei trainieren. Nun, heute hat unser Ball verdammt viel Luft verloren und wir hatten keine Ballpumpe dabei. Da haben wir uns den Ball dieser jungen Dame ausgeliehen. Doch bereits beim ersten Slam Dunc platzte er auf – das Ergebnis siehst du vor dir. Wenn das nicht der Schmuck ist, der dem Sport-Shop-König Pfeiffer geraubt wurde, fress' ich meine Dienstmarke.«

➜ *Der Streifenpolizist nickt: »Damit dürfte alles klar sein.«* 25

13

Du bleibst stehen: »Neuer Fall? Lieber heute als morgen. Es wird höchste Zeit, dass Z.A.P. wieder was Ordentliches zu tun bekommt.« Kai nickt: »Denke ich auch. Wenn wir sogar Affen gefunden haben (Siehe Z.A.P. Band 3: Rettet die Affen), sollten wir auch verschwundenen Schmuck wieder auftreiben können.« Mit diesen Worten hält dir Kai das Mundinger Tagblatt von heute unter die Nase. Du schlägst es auf. Sofort sticht dir der Hauptartikel ins Auge:

»Millionenraub in Mundingen! Mehrere wertvolle Schmuckstücke wurden am vergangenen Wochenende aus der Villa Pfeiffer entwendet. Der bestohlene Besitzer Maximilian Pfeiffer, Inhaber der berühmten Pfeiffer-Sport-Shop-Kette, trägt den Vorfall mit Fassung. Von den Tätern fehlt bislang jede Spur. Hauptkommissar Kuckelmann, der die Ermittlungen leitet, erklärte gegenüber unserem Redakteur: ›Glücklicherweise haben wir ein genaues Verzeichnis aller gestohlenen Stücke.‹ Nach Angaben der Polizei befand sich darunter auch eine kostbare Halskette, die alleine nahezu 400 000 Euro wert sein soll.«

Hoppla, das riecht förmlich nach einem neuen Fall für Z.A.P. Den Artikel wollt ihr euren Freunden zeigen. Du steckst das Mundinger Tagblatt ein.

✔ *Trage »Zeitung« als Gegenstand auf deiner Abenteuerkarte ein.*

Jetzt müsst ihr aber wirklich sprinten, sonst könnt ihr euer Training abschreiben.

➜ *Ihr legt einen Zahn zu.* 18

14

Schon geht es weiter. Jana lässt euch kurze Pässe in allen Lagen üben. Sie selbst spielt erfolgreich als Center in Mundingens Damen-Basketballmanschaft – immerhin in der Landesliga. Entsprechend hart sind ihre Pässe. Du musst höllisch aufpassen, damit du dir nicht die Finger brichst oder der Ball dir den Brustkorb einquetscht.

Schließlich klatscht Jana in die Hände: »Schluss jetzt! Nun machen wir noch ein Spielchen 3 gegen 3. Ihr wartet hier. Ich hole die Überraschung. Die können wir nämlich gleich gebrauchen.«

➜ *Jana flitzt über den Hügel in Richtung Fahrradständer.* 2

15

Dabei gleitet dein Blick durch die Küche. Interessant!

→ *Papa hat heute sein Handy zu Haus gelassen. Das könntest du dir doch eigentlich ausleihen.* 3

→ *Die Tageszeitung von heute. Ein echter Z.A.P.er muss da einfach einen Blick reinwerfen.* 9

16

Als du bei Kai einläufst, sitzt er schon gebannt vor ›Napoleon‹, seinem selbst gebauten Supercomputer. Du begrüßt Kai, aber er schaut kaum hoch und nickt nur mit dem Kopf auf den Sessel neben sich. Du seufzt und beginnst ihn abzuräumen, denn der ist mit mindestens zwei Dutzend Computerspielschachteln beladen. Kein Wunder, dass Kai laufend pleite ist. Jede Mark legt er in Hard- oder Software für seinen digitalen Freund an. Schließlich hast du den Platz freigeschaufelt und lässt dich in die Kissen fallen. Kai wirft dir einen Joystick in den Schoß und zusammen spielt ihr »NBA-Jam«. Als Coach einer eigenen Basketballmannschaft sammelt ihr Punkte (oder auch nicht), um ins Endspiel um die Meisterschaft zu kommen.

Bald hast du den Bogen raus und die Sache macht mächtig Spaß. So viel, dass ihr die Zeit völlig vergesst. Auf einmal ist es fünf nach drei. Um drei wäre Training gewesen. Jetzt aber nichts wie los.

Ihr macht euch schnellen Schrittes auf den Weg. Auf halber Strecke fällt Kai etwas ein:

➜ *»Sag mal, Sherlock, wie wäre es mit einem neuen Fall?«* 13

17

Ihr übt Freiwürfe, mit unterschiedlichem Erfolg. Sabrina versenkt cool Wurf um Wurf, Kai und du, ihr haltet euch auch nicht schlecht. Smarty schlägt sich wacker. Allein Jo, der eigentlich der Sportlichste von euch ist, hat irgendwie einen schlechten Tag. Mit jedem Fehlwurf regt er sich mehr auf – und schließlich trifft er überhaupt nichts mehr. Er ist entschlossen: »Ich geb's auf. Heut ist nicht mein Tag, Leute.« Sabrina tröstet ihren Bruder: »Mach dir nichts draus. Du kannst nicht jeden Tag der King sein. Lass uns aufhören. Jana muss sowieso gleich kommen.«

→ *Ihr setzt euch auf den Platz.* 22

18

Mit einer Viertelstunde Verspätung kommt ihr auf dem Platz an. Dort lümmeln Sabrina, Jo und Smarty bereits herum. Doch von eurer Trainerin ist weit und breit nichts zu sehen.

Entsprechend missgelaunt sind eure Partner. Jo brummt euch an: »Na, aufgewacht?« Ihr beide entschuldigt euch und wollt wissen, wo Jana steckt. »Keine Ahnung!«, brummt Jo.

Sabrina ergreift die Initiative: »Sollen wir Freiwürfe üben oder auf Jana warten?«

→ *Du hältst es für besser, auf eure Trainerin zu warten, die bestimmt gleich kommen wird.* 22

→ *Du lässt keine Chance aus, um deine Treffsicherheit zu verbessern.* 17

→ *Du hast eine »Zeitung« auf deiner Abenteuerkarte und deinen Freunden deshalb noch etwas mitzuteilen.* 20

19

Du schreckst hoch und blickst direkt in die besorgten Augen von Sabrina. Kurze Zeit weißt du nicht, wo du bist, dann trifft dich die Wirklichkeit wie ein Hammer: Du sitzt in der Schule! Musst wohl irgendwie eingenickt sein. Schade.

→ *Warum erlebt man die größten Abenteuer eigentlich nur im Traum?* 29

20

Du präsentierst die Ausgabe des »Mundinger Tagblattes«. Die anderen staunen nicht schlecht. Kai unterstützt dich sofort: »Leute, ich denke, das ist ein Fall für Z.A.P.« Doch Smarty ist skeptisch: »Wir haben doch gar keinen Hinweis. Wenn Kommissar Kuckelmann schon nichts findet, wie sollen wir da was erreichen können?« Ihr diskutiert noch heftig, als Jana wenig später über den kleinen Hügel geflitzt kommt, der euren Platz von einem benachbarten Platz trennt. Sie ist etwas außer Atem, aber sie strahlt. Ihr begrüßt sie. Kai meint: »Ist dein Fahrrad kaputt, weil du zu Fuß kommst?« Jana lächelt verschmitzt: »Nein, es steht hinter dem Hügel. Ich habe nämlich noch eine Überraschung für euch dabei ...«

Sabrina kann es kaum erwarten: »Und wann gibt's diese Überraschung?« Jana verspricht: »Nach dem Training.« Dann klatscht sie in die Hände und los geht es mit ihrem gnadenlosen So-wird-aus-Z.A.P.-in-zwei-Wochen-ein-Topteam-Programm. Sie scheucht euch hin und her, mit und ohne Ball, lässt euch Würfe üben und taktische Tricks trainieren. Nach einer Ewigkeit gewährt sie euch fünf Minuten Pause.

➜ *Du nutzt die Chance, einen kurzen Blick auf die »Überraschung« zu werfen.* 23

➜ *Du bist zu fertig und die nächsten Minuten einfach nur mit Luftholen beschäftigt.* 14

21

Du flüsterst den anderen zu: »Habt ihr den geplatzten Basketball gesehen? Ich bin mir sicher, da ist irgendwas im Gange.« Gemeinsam beschließt ihr, die Sache vorerst weiterzubeobachten. Ihr seht, wie die Basketballer Jana überwältigen und sie festhalten – ohne ihr jedoch weiteren Schaden zuzufügen.

Nur wenig später kommen zwei Streifenwagen der Polizei angefahren. Vier Beamte steigen aus und gehen auf die Gruppe zu.

➜ *Ihr geht auch hinunter und schaut, ob ihr Jana irgendwie helfen könnt.* 12

➜ *Ihr beobachtet weiter aus sicherer Entfernung.* 4

22

Tatsächlich. Zu Fuß kommt Jana wenig später über den kleinen Hügel geflitzt, der euren Platz von einem benachbarten Platz trennt. Sie ist etwas außer Atem, aber sie strahlt. Ihr begrüßt sie. Kai meint: »Ist dein Fahrrad kaputt, weil du zu Fuß kommst?« Jana lächelt verschmitzt: »Nein, es steht hinter dem Hügel. Ich habe nämlich noch eine Überraschung für euch dabei ...«

Sabrina kann es kaum erwarten: »Und wann gibt's diese Überraschung?« Jana verspricht: »Nach dem Training.« Dann klatscht sie in die Hände und los geht es mit ihrem gnadenlosen So-wird-aus-Z.A.P.-in-zwei-Wochen-ein-Topteam-Programm. Sie scheucht euch hin und her, mit und ohne Ball, lässt euch Würfe üben und taktische Tricks trainieren. Nach einer Ewigkeit gewährt sie euch fünf Minuten Pause.

➜ *Du nutzt die Chance, einen kurzen Blick auf die »Überraschung« zu werfen.* 23

➜ *Du bist zu fertig und die nächsten Minuten einfach nur mit Luftholen beschäftigt.* 14

23

Mit den Worten: »Ich muss mal ...«, schleichst du dich ins Gebüsch. Kaum außer Sichtweite von Jana und den anderen, wechselst du die Richtung und näherst dich dem zweiten Basketballplatz. Auf ihm spielen gerade ein Dutzend Typen so um die 20. Tatsächlich, dort am Fahrradständer lehnt Janas Fahrrad. Und jetzt ist dir auch klar, welche Überraschung sie meint: Auf dem Gepäckträger erkennst du einen Original SPA-Basketball. Ein mächtig teures Edelteil. Puuh, was Jana dafür wohl hingeblättert haben mag?

Auf einmal tippt dir jemand auf die Schulter. Erwischt. Du drehst dich um und schaust direkt in die fürsorglichen Augen von Oma Schnur. Die sieht dich besorgt an: »Kindchen, Sherlock. Du siehst aber bleich aus. Hier nimm das.« Mit diesen Worten stopft sie dir eines ihrer fürchterlichen Lakritzbonbons in den Mund. Igitt.

Du versuchst Oma Schnur zu erklären, dass du auf Insektenjagd bist, aber das kauft sie dir nicht ab. »Du schaust wohl nach den hübschen Mädchen, die dort turnen?« Sie zeigt auf die Basketballspieler. Nicht einer von ihnen hat lange Haare. Oma Schnur ist eben genauso kurzsichtig wie eitel. Sie trägt ihre Brille in ihrer Handtasche spazieren – klar, dass sie nichts sieht. Du suchst unter vielen Entschuldigungen das Weite.

Schnell schleichst du dich zurück. Jana mustert dich zwar mit durchdringendem Blick, als du zurückkehrst, doch sie sagt nichts.

➜ *Stattdessen startet sie die zweite Trainingsrunde.* 14

24

Du baust dich vor Kais Wohnung auf und holst Vaters Handy aus der Tasche. Du wählst Kais Nummer. Beim dritten Klingeln hebt jemand ab: »Kai Krenzer. Wer ist da bitte?« Mal sehen, ob er es schluckt: »Oh, hallo Kai, hier ist Sherlock. Du, ich kann nicht zum Training kommen.« – »Wieso nicht?« – »Mir ist kotzübel und ich habe Fieber. Der Arzt war auch schon da.« Pause. »Oh, tut mir Leid für dich. Was spricht denn der Arzt?« – »China-Grippe.« Kai schluckt: »Was ist denn das?« Du hast Probleme, ernst zu bleiben: »Genau weiß ich es auch nicht, aber es soll sehr gefährlich und HOCHANSTECKEND sein. Kai ... bist du noch dran?« – »Äh, ja.« Du schauspielerst weiter: »Hör mal, du musst sofort los und die anderen warnen.« Kai verspricht dir, sofort loszuflitzen. Er legt auf. Du baust dich grinsend vor der Haustüre auf. Schon nach kurzer Zeit hörst du Schritte, dann wird die Haustüre aufgerissen. Vor dir steht Kai. Er sieht dich und wird kreidebleich. Du grinst, Kai sagt nichts. Du wedelst mit deinem Handy. Kai schluckt kurz, dann brummt er: »Sehr komisch! ...« Zusammen macht ihr euch auf den Weg zum Basketballplatz. Kai ist zuerst ein wenig verstimmt, aber nach einigen Minuten hat er sich so weit beruhigt, dass er wieder mit dir spricht:

➜ *»Ich glaube, dir ist langweilig. Wie wäre es mit einem neuen Fall?«* 13

25

Die Streifenpolizisten führen Jana ab. Bis euch richtig klar wird, was sich soeben vor euren Augen abgespielt hat, steht der Streifenwagen startbereit. Sabrina reagiert als Erste von euch und klopft ans Autofenster: »Sie können Jana nicht verhaften.« – »So, warum nicht?« – »Weil sie unschuldig ist.« Der Polizist lacht kurz auf, dann beugt er sich aus dem Fenster: »Weißt du, Mädchen, ich mache diesen Job nun schon seit 14 Jahren. In dieser Zeit habe ich bestimmt über 200 Ganoven verhaftet. Und natürlich gab es immer irgendjemanden, der steif und fest behauptete, der Festgenommene sei unschuldig. Lassen wir das doch das Gericht entscheiden.« Dann gibt er Gas und beide Wagen düsen mit Jana davon.

➜ *Ihr haltet Kriegsrat.* 30

26

Als du auf dem Basketballplatz ankommst, sind die anderen schon dabei, sich warm zu spielen. Sabrina und Jo spielen gegen Smarty und Kai. Gerade versucht Jo einen Korbleger, aber der Ball prallt gegen den Ring und springt Smarty direkt in die Arme. Jo flucht: »Sch... Ei. Der ist glatt wie eine Billardkugel und die Luft hält er auch nicht. Mit so was kann ein Profi nicht spielen.« Smarty grinst: »Klar, die Sonne blendet, der Strömungswind ist zu stark und wahrscheinlich hast du das falsche T-Shirt an. Wie wär's mal mit ein wenig Selbstkritik, Superstar?« Jo funkelt böse zurück, doch dann bemerken die vier dich und ihr begrüßt euch.

Jo, der immer noch ein wenig sauer ist, fragt: »Sollen wir Freiwürfe üben oder auf Jana warten?«

→ *Du hältst es für besser, auf eure Trainerin zu warten, die bestimmt gleich kommen wird.* 22

→ *Du lässt keine Chance aus, um deine Treffsicherheit zu verbessern.* 17

→ *Du hast eine »Zeitung« auf deiner Abenteuerkarte und deinen Freunden deshalb noch etwas mitzuteilen.* 20

27

Die Galgenfrist verstreicht. Nichts geschieht. Allmählich wird es euch zu bunt. Habt ihr immer noch Geduld?

→ *Nun reicht's! Ihr geht nachschauen.* 5

→ *Ihr wollt Jana die Überraschung nicht versauen. Also verlängert ihr die Galgenfrist und wartet weiter.* 2

28

Vorne an der Tafel bemüht sich Klassenlehrer Dr. Stein redlich, euch in die Höhen der deutschen Sprache einzuweihen. Doch irgendwie gelingt es ihm heute nicht, die Botschaft rüberzubringen – zumindest nicht bei dir. Na, Schwamm drüber. Zum Glück ist es die letzte Schulstunde. Und auch diese geht nach einer halben Ewigkeit vorbei.

Direkt nach Schulschluss trefft ihr euch alle – wie immer – im Pausenhof. Kai erinnert euch: »Vergesst nicht, um drei haben wir Training. Jana hat uns eine besondere Überraschung versprochen.« Jana, Kais Kusine, gelernte Buchhändlerin und begeisterte Basketballerin, wurde von Kai für eure Mannschaft als Coach engagiert. Sie nimmt ihre Aufgabe mächtig ernst und scheucht euch fast jeden Nachmittag bis zum Umfallen.

Als ihr euch trennt, haut Kai dich noch an: »Du, Sherlock, ich habe gestern ein affenstarkes Computerspiel bekommen: ›NBA-Jam‹. Hast du Lust, vor dem Training noch zu mir zu kommen?«

➜ *So eine Frage, und ob du Lust hast. Du versprichst Kai, um Punkt halb zwei einzulaufen.* 16

➜ *Lust hast du schon. Aber lieber machst du erst noch deine Hausaufgaben, denn man weiß nie, was noch alles dazwischenkommt.* 10

29

Natürlich wird dir sofort klar, warum du im seligen Schulschlaf ausgerechnet ein Basketball-Superstar warst: In einer Woche steigt das große Streetbasket-Turnier in Mundingen. Und Z.A.P. wird als Mannschaft teilnehmen. Jo, Kai, Smarty, Sabrina und du, ihr seid fest entschlossen, ganz vorne mitzumischen.

➜ *Kennst du deine Freunde schon aus einem anderen Z.A.P.-Abenteuer? Wenn ja, dann kann die Story weitergehen.* 28

➜ *Wenn dies dein erstes Z.A.P.-Abenteuer ist, dann solltest du die Helden und die anderen wichtigen Personen erst mal in Ruhe kennen lernen.* 7

30

Nun hat Z.A.P. also doch wieder einen neuen Fall. Auf so etwas hättet ihr allerdings verzichten können. Ihr befragt die Basketball spielenden Polizisten und am Ende wisst ihr, dass Jana ganz schön tief in der Patsche sitzt. Genau zwölf Polizisten in Zivil können bezeugen, dass in einem Basketball, der ihr gehörte, zahlreiche Schmuckstücke versteckt waren. Diese waren erst wenige Tage vorher aus der Villa von Maximilian Pfeiffer, dem Inhaber der berühmten Pfeiffer-Sport-Shop-Kette, entwendet worden.

Jana ist unschuldig, davon seid ihr überzeugt. Aber wie könnt ihr Jana helfen? Habt ihr überhaupt eine Möglichkeit? Sollt ihr mit Kommissar Kuckelmann sprechen? Oder einen Anwalt einschalten? Vielleicht wollt ihr aber auch auf eigene Faust die Suche nach den echten Tätern aufnehmen?

Eins jedenfalls ist klar: Mit Däumchendrehen kommt ihr nicht weiter.

➜ *Also: ran an die Kartoffeln und im nächsten Kapitel weiterlesen.*

KAPITEL 2
DER TOLLPATSCHIGE DIEB

Da steht ihr also nun. Ohne eure Trainerin und dafür mit einem brandheißen neuen Fall. Allerdings hättet ihr euch den so nie gewünscht. Dass Jana unschuldig ist, davon seid ihr absolut überzeugt. Doch wie könnt ihr die Polizei davon überzeugen? Das alles ausgerechnet jetzt, nur wenige Tage vor dem Streetbasket-Turnier – ihr hattet euch so gute Chancen ausgerechnet ...

Doch Jana hat jetzt Vorrang.

→ *Hast du ein »Handy« auf deiner Abenteuerkarte?* 47

→ *Auch ohne solchen technischen Firlefanz gibt es Möglichkeiten.* 42

31

Hunger ist erst richtig schön, wenn Bruder Jakob in der Nähe ist. Eine halbe Stunde und vier traumhafte Pfannkuchen später seid ihr satt zum Platzen. Bruder Jakob fordert euch auf zu berichten und erfährt von Janas Verhaftung. Das schlägt ihm mächtig auf die Laune. So sehr, dass er aufspringt, im Zimmer herumläuft und sogar (beinahe) flucht: »Himm ... also, das ist wirklich ärgerlich. Sehr ärgerlich!«

Kai fragt ihn ganz direkt: »Bruder Jakob, was können wir tun?« Der bleibt stehen und schweigt für kurze Zeit. Dann schaut er euch an: »Ich würde sagen, Jana braucht einen erstklassigen Anwalt. Oder ein erstklassiges Alibi. – Am besten beides.«

Ihr beratschlagt noch eine Weile, dann ist eure Arbeitsteilung perfekt. Bruder Jakob will Jana einen Anwalt besorgen – er kennt ja so ziemlich jeden. Ihr beginnt schon einmal nach einem Alibi zu suchen.

➜ *Ihr verabschiedet euch und verlasst das alte Stellwerk.* 51

32

Kai ruft gleich an. Tatsächlich. Nach längerem Hin und Her erwischt er Kuckelmann – gerade als dieser in sein freies Wochenende aufbrechen will. Entsprechend kurz ist er aufgelegt. Kai fragt Kuckelmann nach weiteren Informationen. Schließlich legt er auf. Er berichtet: »Es stimmt, gegen Jana wird immer noch ermittelt. Jetzt aber nur noch wegen Beihilfe und Hehlerei.« Jana verdreht die Augen: »Toll, das macht nur zwölf statt zwanzig Jahre Knast.« Kai erzählt weiter: »Er hat mir sogar die Adresse von Pfeiffers Haus gegeben. Gleichzeitig hat er uns natürlich streng verboten, dort aufzukreuzen. Dann hat er die Adresse noch einmal wiederholt. Ich habe das Gefühl, Kuckelmann würde es ganz gerne sehen, wenn wir uns ein wenig einmischen.« Jo glaubt es nicht: »Das wäre ja etwas ganz Neues ...« Doch ihr anderen könnt es euch denken. Kuckelmann glaubt an Janas Unschuld. Aber er kann sich nicht zu weit aus dem Fenster hängen, ohne dass ihm Parteilichkeit vorgeworfen wird.

➜ *Für euch ist klar: So bald wie möglich stattet ihr dem Opfer Maximilian Pfeiffer einen Besuch ab.* 59

33

Genau genommen haben die Einbrecher sogar wesentlich mehr Gewalt angewandt, als sinnvoll gewesen wäre. Waren sie vielleicht besoffen? Oder handelt es sich um eine besonders brutale Gangstertruppe?

Du überlegst eine Weile, dann kommen dir zwei denkbare Spuren in den Sinn:

➜ *Woher haben die Typen den Sprengstoff?* 49

➜ *Profis waren das sicher nicht. Vielleicht haben sie doch noch einen Fehler gemacht?* 39

34

Am nächsten Morgen versammelt ihr euch an eurem Treffpunkt vor der Schule. Keiner von euch hat eine Erklärung dafür, weshalb echte Detektive die Schulbank drücken müssen. Die Welt ist ja soooo ungerecht!

Als Kai dann auch endlich eintrudelt, begrüßt er euch gleich mit einem Vorschlag: »Wie wäre es, wenn wir heute Mittag erst zu Bruder Jakob gingen? Der hat sicher einen guten Rat für uns – und außerdem sollten wir ihm von Janas Pech berichten.« Ihr stellt den Besuch bei Herrn Pfeiffer etwas zurück. Aufgeschoben ist nicht aufgehoben. Und so führen euch am Nachmittag eure Schritte schnurstracks zu Bruder Jakob. Er ist ein guter Geist und manchmal auch euer Schutzengel. Der Ex-Pfarrer von Mundingen gilt bei vielen als etwas verschrobener Geselle. Gut, nicht jeder wohnt in einem stillgelegten Stellwerk. Aber auch lange nicht jeder ist so clever wie er – und niemand kocht besser.

Als ihr über die Gleise des stillgelegten Nordbahnhofes klettert, seht ihr, wie Bruder Jakob an seinem alten VW-Käfer schraubt. Ihr schleicht euch an. Smarty murmelt: »Donnerwetter. Dass der auch noch was von Autos versteht ...« – » ... hättet ihr nicht gedacht!«, poltert es unter dem Auto hervor. Ein Stöhnen, ein Ächzen. Dann steht Bruder Jakob vor euch.

Er schaut euch der Reihe nach an. Dann grinst er und wischt sich die Hände ab. »Zuerst mal werde ich uns was zum Beißen zaubern. Und dann erzählt ihr mir von eurem neuen Fall.« Sabrina staunt: »Woher wissen Sie?« Bruder Jakob stapft vor euch die Treppe zum Stellwerk hoch und brummt, ohne sich umzudrehen: »Eure Köpfe glühen ja förmlich, so aufgeregt seid ihr. Das kommt bei euch nur dann vor, wenn ihr wieder als Detektive unterwegs seid.«

➜ *Minuten später stehen leckere Pfannkuchen auf dem Tisch.* 48

35

Bruder Jakob: Der gute Geist und manchmal auch der Schutzengel von Z.A.P. Der Ex-Pfarrer von Mundingen gilt bei vielen als etwas verschrobener Geselle. Gut, nicht jeder wohnt in einem stillgelegten Stellwerk. Aber auch lange nicht jeder ist so clever wie er – und niemand kocht besser.

Als ihr über die Gleise des stillgelegten Nordbahnhofes klettert, seht ihr, wie Bruder Jakob an seinem alten VW-Käfer schraubt. Ihr schleicht euch an. Smarty murmelt: »Donnerwetter. Dass der auch noch was von Autos versteht ...« – »... hättet ihr nicht gedacht!«, poltert es unter dem Auto hervor. Ein Stöhnen, ein Ächzen. Dann steht Bruder Jakob vor euch. Der alte Knabe hat Ohren wie ein Luchs.

Er schaut euch der Reihe nach an. Dann grinst er und wischt sich die Hände ab. »Zuerst mal werde ich uns was zum Beißen zaubern. Ich habe gerade Teig für Hirsepfannkuchen aufgesetzt. Und dann erzählt ihr mir von eurem neuen Fall.« Sabrina staunt: »Woher wissen Sie?« Bruder Jakob stapft vor euch die Treppe zum Stellwerk hoch und brummt, ohne sich umzudrehen: »Eure Köpfe glühen ja förmlich, so aufgeregt seid ihr. Das gibt's bei euch nur dann, wenn ihr wieder als Detektive unterwegs seid.«

➜ *Minuten später dampfen die Pfannkuchen auf dem Tisch.* 31

36

»Erst vor vier Tagen wurde also in der Villa Pfeiffer eingebrochen.« Kai blättert in den Unterlagen. »Gestohlen wurde Bargeld und Schmuck, darunter eine kostbare Diamanten-Halskette. Ihr Wert wird auf eine halbe Million Euro geschätzt.« Smarty wirft ein: »Habt ihr gelesen, wer dieser Pfeiffer ist?« Alle nicken mit den Köpfen. Ihr habt den Unterlagen entnommen, dass Pfeiffer der Gründer und Alleineigentümer der Pfeiffer-Sport-Shop-Kette ist, die in fast allen größeren Städten Filialen unterhält. Jo grübelt: »Woher kenne ich den Namen bloß?« Sabrina lacht: »Kann ich dir sagen, Bruderherz: Pfeiffer ist der Hauptsponsor des Streetbasket-Turniers.« Jo grummelt: »Danke, da wäre ich auch selbst noch draufgekommen.«

Langsam wird es Abend. Zeit für euch, zu Hause aufzukreuzen. Doch vorher solltet ihr euch noch überlegen, was ihr als Nächstes unternehmen wollt:

→ *Ihr versucht, Jana zu erreichen und mit ihr abzustimmen, wie ihr helfen könnt.* 41

→ *Ihr besucht Herrn Pfeiffer und schaut euch den Tatort an.* 44

→ *Ihr versucht, Jana ein Alibi zu besorgen. Die beste Methode, sie frei zu bekommen, ist der Beweis, dass Jana zum Tatzeitpunkt woanders war.* 46

37

Du drückst kurz entschlossen auf die Klingel. Kai will dich zurückhalten: »Mensch, bist du ...?« Aber es ist schon zu spät. Kai funkelt dich an: »Und was jetzt?« Du schaust ihn ruhig an: »Lass mich nur machen ...« Da öffnet sich auch schon die Eingangstüre und ein älterer Herr so Ende 50 schlurft euch entgegen. Sieht aus wie ein Hausangestellter. Als er am Tor ankommt und euch sieht, stutzt er: »Was wollt ihr hier? Macht, dass ihr verschwindet.« Du setzt dein herzallerliebstes Lächeln auf: »Guten Tag, wir sammeln Altkleider und Stoffreste für Gruschpirdliczka. Das Waisenheim. Sie wissen doch?« – »Was? Äh, ach, ahja. Die Herrschaften haben keine Altkleider.« Du lässt dich nicht abwimmeln: »Wir sammeln auch alte, ausgediente Teppiche.« Der Herr wird etwas freundlicher: »So? Na, das trifft sich gut. Ich habe da einen, von dem ich nicht weiß, wohin damit. Den könnt ihr haben.« Der Mann schließt das Tor auf und geht in Richtung Haus. Ihr folgt ihm. Du flüsterst kurz mit Sabrina, die kapiert sofort.

Gerade als ihr bei dem eingerollten Teppich ankommt, beginnt Sabrina ihr Schauspiel: »Oohhh, ist mir schlecht.« Dann sinkt sie auf dem Weg nieder. Der Hausangestellte kümmert sich sofort rührend um sie. Von dem freundlichen Mann gestützt, wird sie in die Küche gebracht. Hier erhält sie ein Glas Wasser zur Stärkung. Auch ihr anderen habt mit viel Aufregung und überflüssigen Kommentaren schlagartig nützliche Hektik und Chaos produziert. Du nützt die Chance, dich schnell etwas umzusehen.

➜ *Du ziehst Kai mit dir.* 38

38

Aha. Da also ist der schwer misshandelte Panzerschrank. Der Dieb scheint mit reichlich Sprengstoff zur Sache gegangen zu sein.

→ *Eines ist klar: Die Diebe sind mit Sicherheit skrupellos und neigen zu Gewalt.* 33

→ *Ein Verdacht geht dir nicht aus dem Kopf.* 53

39

Du schaust dich vorsichtig weiter um. Die Diebe haben eine Spur der Verwüstung hinterlassen. War wohl eher ein Hurrikan als eine Profigang. Fast so, als wollten sie beweisen, dass sie auch wirklich hier gewesen waren. Merkwürdig! Das Ganze sieht gestellt aus wie im Film. Ein echter Einbruch müsste unauffälliger aussehen.

Unter einem Heizkörper entdeckst du etwas Glänzendes. Du bückst dich und findest ein zusammengefaltetes Stück Kaugummipapier. Ganz exakt viermal gefaltet. Zu einem präzisen Quadrat. Du steckst es ein.

✔ *Trage »Kaugummipapier« auf deiner Abenteuerkarte ein.*

→ *Es wird Zeit, wieder zu den anderen zu stoßen.* 60

40

Drinnen zeigt euch Essia die ganze Wohnung, während ihr dem aufgeschlossenen Mädchen von Blumenbank zu Blumenbank folgt. Essia kennt die Geschichte vom Einbruch und ist damit einverstanden, dass ihr euch ein wenig umseht. In der Küche donnert Sabrina mit dem Kopf gegen die Kante einer offen stehenden Schranktüre. Ihr wird schwindelig und sie sinkt auf den Küchenhocker. Jo, Smarty und Essia kümmern sich rührend um sie. Sie reichen Sabrina ein Glas Wasser zur Stärkung.

➜ *Du ziehst Kai ins nächste Zimmer. Ihr wollt auch hier noch eure Blicke schweifen lassen.* 38

41

Von Kai aus ruft ihr im Polizeirevier an. Doch man will euch dort nicht mit Jana verbinden. Der Beamte behauptet kategorisch: »Tut mir Leid. Die festgenommene Person darf nur von ihrem Anwalt angerufen werden.« Mist! Jetzt seid ihr genauso schlau wie zuvor. Bleiben euch noch zwei Möglichkeiten:

➜ *Ihr besucht Herrn Pfeiffer und schaut euch den Tatort an.* 44

➜ *Ihr versucht, Jana ein Alibi zu besorgen. Die beste Methode, sie frei zu bekommen, ist der Beweis, dass sie zum Tatzeitpunkt woanders war.* 46

42

Kai hat eine Idee: »Wir gehen zu mir und werfen ›Napoleon‹ an. Im Internet finde ich in nullkommanix alle Pressemeldungen zum Juwelenraub.« Smarty runzelt die Stirn: »Und was bringt uns das?« Kai schaut ihn an, als hätte er es mit einem widerspenstigen Dackel zu tun: »Grund-la-gen-re-cher-che! Schon mal davon gehört? Wenn wir eine Strategie entwickeln wollen, müssen wir erst mal alles an Informationen sammeln, was wir kriegen können!« Smarty funkelt Kai nur an, sagt aber nichts. Sabrina will vermitteln: »Ich verstehe ja, dass ihr genervt seid, aber Streiten bringt uns auch nicht weiter. Ich sehe zwei Möglichkeiten:

→ *Entweder wir gehen zu Kai und besorgen uns alle Infos, die wir brauchen.* 58

→ *Oder wir informieren Bruder Jakob – der weiß garantiert Rat.«* 35

43

Es ist nicht das erste Frühstück bei Smarty, aber wie immer ist es kolossal. Smartys Vater ist Amerikaner – entsprechend ist die Frühstückskultur in seinem Hause. Gebratener Speck, Bratkartoffeln, Rührei ... Einfach irre! Mit überfülltem Magen rafft ihr euch auf zu Pfeiffers Villa. Der Weg ist nicht weit. Das Haus liegt am anderen Ende der Straße.

Bald schon steht ihr vor Pfeiffers Anwesen.

→ *Aha, wie wäre es, wenn ihr euch als neue Gärtner vorstellen würdet?* 57

→ *Oder bringt dich der ausrangierte Teppichboden auf eine Idee?* 37

44

Gar keine schlechte Idee. Doch leider ist es für heute schon zu spät. Und einige Z.A.P.er haben noch nicht eine einzige Zeile Hausaufgaben zu Papier gebracht. Also müsst ihr schweren Herzens eure Visite bei Maximilian Pfeiffer auf morgen verschieben.

➜ *Direkt nach der Schule wollt ihr euch auf die Socken machen.* 34

45

Du flüsterst Kai zu: »Würdest du so eine Sprengstofforgie veranstalten?« Kai schaut verwirrt zurück. »Wie?« Du argumentierst unbeirrt weiter: »Na, wenn du aus dem Safe wertvolle Dinge wie Bargeld und Schmuck mitgehen lassen wolltest?« Kai versteht nur Bahnhof. Du nimmst einen neuen Anlauf: »Schau dir das Ding an der Wand mal richtig an. Sieht aus wie ein Atombombentest und nicht wie eine Profiarbeit. Auf die Art weckst du höchstens sämtliche Nachbarn auf und äscherst alles ein, was im Safe liegt.« Kai runzelt die Stirn und sieht sich die Sache genau an. Dann flüstert er: »Tatsächlich reichlich merkwürdig.« Plötzlich stutzt er. Denn Dr. Seltsam ist euch nachgelaufen und hatte gerade etwas Kleines erschnüffelt. Halb von einem Teppich verdeckt liegt etwas Glänzendes. Kai zeigt es dir. Es ist ein zusammengefaltetes Stück Kaugummipapier. Ganz exakt viermal gefaltet. Zu einem präzisen Quadrat. Du steckst es ein.

✔ *Trage »Kaugummipapier« auf deiner Abenteuerkarte ein.*

➜ *Nun wird es Zeit, zu den anderen zurückzukehren.* 60

46

Aber wie findet man ein Alibi? Kai beschreibt die nötigen Schritte: »1. den genauen Tatzeitpunkt ermitteln, 2. feststellen, was der Verdächtige zu diesem Zeitpunkt gemacht hat, 3. Zeugen auftreiben.« Sabrina verbeugt sich: »Oh, danke, großer Meister, für diese großzügige Unterweisung in deine unendliche Weisheit.« Alle lachen. Nur Kai nicht. Also hört auch ihr anderen wieder auf.

Kai schlägt vor, dass er sich um den genauen Tatzeitpunkt kümmert. Heute Abend trefft ihr euch dann bei ihm, um die nächsten Schritte zu planen.

➜ *Ach ja, hast du Papas »Handy« auf deiner Abenteuerkarte?* 55

➜ *Wenn nicht, dann gehst du zum Abendessen nach Hause.* 54

47

Du hast eine Idee: »Leute, ich könnte Kommissar Kuckelmann anrufen. Bestimmt kann der was unternehmen. Er kennt doch Jana und weiß, dass sie nie im Leben eine Juwelendiebin sein könnte.«

Die anderen nicken spontan. Nur Jo bleibt skeptisch: »Mag sein, dass Kuckelmann Jana kennt. Aber ICH kenne Kuckelmann: Der ist doch stur wie ein Panzer. Glaubst du, der lässt Jana frei, nur weil sie unsere Freundin ist?«

➜ *Tja, glaubst du das? Dann versuche, ihn mit deinem Handy zu erreichen.* 56

➜ *Andernfalls solltet ihr euch Alternativen überlegen.* 42

48

Bruder Jakob fordert euch auf zu berichten und erfährt von Janas Verhaftung. Das schlägt ihm mächtig auf die Laune. So sehr, dass er aufspringt, im Zimmer herumläuft und sogar (beinahe) flucht: »Himm ... also, das ist wirklich ärgerlich. Sehr ärgerlich!«

Kai fragt ihn ganz direkt: »Bruder Jakob, was können wir tun?« Der bleibt stehen und schweigt für kurze Zeit. Dann schaut er euch an: »Ich würde sagen, Jana braucht einen erstklassigen Anwalt. Oder ein erstklassiges Alibi. – Am besten beides.«

Ihr beratschlagt noch eine Weile, dann ist eure Arbeitsteilung perfekt. Bruder Jakob will Jana einen Anwalt besorgen – er kennt ja so ziemlich jeden.

➜ *Ihr beginnt schon einmal, nach einem Alibi zu suchen.* 46

49

Eine gute Frage. Sprengstoff gibt es nicht so einfach im Laden zu kaufen. Vielleicht wurde er gestohlen und ihr kommt über einen Umweg dem Täter auf die Spur? Darüber solltet ihr einmal nachdenken.

Plötzlich stutzt Kai und bückt sich rasch. Halb von einem Teppich verdeckt liegt etwas Glänzendes. Kai zeigt es dir. Es ist ein-zusammengefaltetes Stück Kaugummipapier. Ganz exakt viermal gefaltet. Zu einem präzisen Quadrat. Du steckst es ein.

✔ *Trage »Kaugummipapier« auf deiner Abenteuerkarte ein.*

➜ *Jetzt seht ihr zu, dass ihr wieder zu den anderen kommt.* 60

50

Der Arbeitsabend bei Kai beginnt mit einer guten Nachricht. Kai hat die vermutete Tatzeit ermitteln können: »Am vergangenen Montagabend zwischen 22.00 Uhr und 8.00 Uhr am Dienstagmorgen muss es passiert sein.« Smarty will wissen, wie Kai das herausgefunden hat: »Hat ›Napoleon‹ wieder seine Chips rotieren lassen oder hast du die Polizei angerufen?« – »Weder noch!« – »Komm schon, spann uns nicht unnötig auf die Folter.« Kai lehnt sich triumphierend gegen seinen Schreibtisch: »Ich verrate es gleich. Jetzt kommt die zweite gute Nachricht: Jana hat für diese Zeit ein Alibi.« Euch fällt ein Stein vom Herzen. Also könnt ihr Janas Unschuld beweisen! Smarty bleibt stur: »Kai, nun aber raus mit der Sprache: Woher weißt du das alles?«

→ *»Von mir«, sagt eine Stimme aus Kais Zimmertür.* 52

51

Gerade habt ihr das alte Stellwerk verlassen, als Jo umdreht: »Mann, Leute, ich habe vergessen, mir von Bruder Jakob das Rezept geben zu lassen. Wartet mal kurz!« Im oberen Stockwerk öffnet sich ein Fenster. Bruder Jakob ruft herunter: »Jo, ich glaube, du hast etwas vergessen.« Jo grinst. Bruder Jakob lacht. Dann wirft er einen Papierflieger aus dem Fenster, der in einer langen Spirale zu Boden segelt. Jo faltet ihn auseinander:

✔ *Trage »Rezept« auf deiner Abenteuerkarte ein.*

→ *Nun aber macht ihr euch auf den Weg.* 46

52

Jana! Ihr fahrt herum. Tatsächlich. Dort steht sie, live und in Farbe. Ihr begrüßt euch stürmisch und dann berichtet Jana, dass sie von Kuckelmann persönlich verhört wurde. »Dem war das ziemlich unangenehm, aber er hat sich redlich Mühe gegeben, sich das nicht anmerken zu lassen. Als ich ihm beweisen konnte, dass ich von Montag bis Mittwoch auf einer Fortbildungsveranstaltung des Börsenvereins des Buchhandels war, sah er richtig erleichtert aus. Sie haben mich dann sofort gehen lassen.«

Sabrina freut sich: »Also bist du raus aus der Sache?« Jana trübt ihre Freude: »Nun, nicht ganz. Es ist noch immer offen, ob sie mich der Komplizenschaft verdächtigen wollen.« – »Was?« – »Da ich im Besitz der Beute war, besteht ja immerhin die Möglichkeit, dass ich das Diebesgut im Auftrag der wirklichen Einbrecher aufbewahren sollte. Laut Kuckelmann ist der Verdacht noch nicht ganz entkräftet.« Kai wendet sich an alle: »Klarer Fall, Z.A.P. muss die Täter finden – besser heute als morgen.«

➜ *Wollt ihr möglichst bald Herrn Pfeiffer einen Besuch abstatten?* 59

➜ *Oder erst mal mit Kommissar Kuckelmann sprechen?* 32

53

Du betrachtest das stark demolierte Fenster und kommst ins Grübeln. Die Unmenge von Spuren, die selbst ein Blinder bemerkt hätte, deuten eher auf eine wild gewordene Elefantenherde hin als auf professionelle Einbrecher.

Doch der gesprengte Panzerschrank ist der Gipfel. Wer würde ernsthaft so viel Sprengstoff verwenden, wenn er irgendwelche Wertgegenstände wie wertvollen Schmuck im Inneren des Tresors vermuten würde?

Noch weißt du nicht, was davon zu halten ist.

→ *Du weist Kai umgehend auf deine Beobachtungen hin.* 45

→ *Erst willst du weitere Indizien sammeln.* 39

54

Auf dem Heimweg musst du immer wieder an Jana denken. Eigentlich hast du gar keinen Appetit. Zu Hause angekommen, findest du in der Küche eine Schüssel mit frischem Tomatensalat und zwei Eurostücken daneben. Deine Mutter hat einen Zettel dazugelegt: »Besorge dir einen Hamburger zum Salat. Ich komme heute erst spät. Gute Nacht! Mama.«

Du steckst das Geld ein, isst den Salat und haust dich dann noch eine Stunde mit dem Kopfhörer und voller Dröhnung auf dein Bett.

✔ *Schreibe dir die Euro 2,00 auf deiner Abenteuerkarte gut.*

➜ *Wenig später brichst du wieder zu Kai auf.* 50

55

Du marschierst nach Hause. Als du in die Küche kommst, durchsucht dein Vater gerade sämtliche Schränke. Er wendet sich dir zu: »Hast DU mein Handy gesehen?« Schluck. Da hilft kein Leugnen. Du beichtest: »Äh, ja. Hab ich mir nur ausgeliehen.« Dein Vater streckt seine Hand aus. Du holst schnell das Gerät hervor und gibst es ihm zurück. »Hab auch gut drauf aufgepasst!« Dein Vater nimmt das Gerät und drückt einige Tasten. Er funkelt dich an: »Aufgepasst? Und so ganz nebenbei fast 30 Einheiten vertelefoniert. So nicht, Freundchen!«

Jetzt greift dein Vater pädagogisch ein: Er lässt dich die Einheiten löhnen. Na, das nächste Mal kassierst du das Handy nur ein, wenn du es wirklich dringend brauchst.

✔ *Ziehe Euro 10,00 von dem Betrag auf deiner Abenteuerkarte ab.*

✔ *Streiche das »Handy« von deiner Abenteuerkarte.*

➜ *Wenig später brichst du wieder zu Kai auf.* 50

56

Du gibst Kuckelmanns Durchwahlnummer ein. Nach all den zahlreichen Abenteuern kennst du sie bereits auswendig. Und du hast Glück. Kuckelmann hebt nach dem zweiten Klingeln ab. Rasch informierst du ihn über Janas Verhaftung. Kuckelmann staunt nicht schlecht: »Ich wusste, dass eine Polizeistreife mit einer Verdächtigen auf dem Weg ins Revier ist, aber dass ausgerechnet Jana ...« Du bittest ihn: »Können Sie Jana nicht wieder laufen lassen? Sie wissen doch, dass sie nichts damit zu tun haben kann.« Kuckelmann unterbricht dich: »Wie denkt ihr euch das? Ich kann nicht einfach eine Verdächtige freilassen, die mit millionenschwerem Diebesgut ertappt wurde.« Du bettelst noch eine Weile, aber Kuckelmann bleibt stur. Er lässt sich deine Handynummer geben und verspricht, euch anzurufen, wenn sich etwas Neues ergibt. Doch zu mehr Zugeständnissen ist er nicht bereit.

Als du das Gespräch beendest, siehst du direkt in das Gesicht von Jo, der triumphierend lächelt: »Sag ich's nicht?«

Du bist sauer: »Hast du vielleicht eine bessere Idee?«

Jo wirft sich in die Brust:

➜ *»Logo! Wir informieren Bruder Jakob – der weiß garantiert Rat.«* 35

57

Du präsentierst deinen Freunden deine Idee: »Kai und ich bewerben uns um einen Gärtnerjob. So können wir uns drin ein wenig umsehen.« Die anderen sind grundsätzlich damit einverstanden, nicht jedoch mit der Rollenbesetzung. Natürlich will jeder von euch dabei sein. Die Diskussion wird immer lauter. Plötzlich steht ein etwa acht Jahre altes Mädchen mit Brille und Pferdeschwanz vor euch. Sie sieht euch frech an und meint ungeniert: »Ich heiße Essia und ihr?« Ihr stellt euch vor und erfahrt, dass Essia mit vollem Namen Essia Ouertani heißt. Ihre Familie stammt aus Arabien und wohnt in dem Haus direkt neben Pfeiffer. Sie kennt die Pfeiffers gut: »Frau Pfeiffer ist ganz lieb und schenkt mir immer Bonbons. Herr Pfeiffer ist fast nie da.« Kai schaltet am schnellsten: »Ist Herr Pfeiffer jetzt da?« – »Nee. Niemand. Die sind übers Wochenende immer auf ihrem Segelboot am Brombachsee.«

Ihr schaut euch an. Prima Gelegenheit, aber einbrechen? Da

meint Essia: »Ich gehe gerade zum Blumengießen hin. Wollt ihr mitkommen?«

➜ *Und ob ihr wollt!* 40

58

Ziemlich niedergeschlagen kommt ihr bei Kai an. Seine Mutter spendiert euch zum Trost eine Runde Schneckennudeln. Die kann backen! Tja, man kann nicht alles haben. Dafür ist dein Vater lange nicht so streng wie Kais – und öfter zu Hause. Denn Kais alter Herr ist Manager in einer Computerfirma. Der sieht ihn höchstens mal am Wochenende. Irgendwie auch nicht so toll.

Kai wirft ›Napoleon‹ an und wählt sich im Internet ein – über Daddys Firmenanschluss. Manche Dinge sind schon praktisch ...

Kai kennt sich aus und rasch ist er in einer Datenbank mit Zeitungsartikeln angelangt. Er lässt alle Artikel über den Juwelenraub und über den bestohlenen Maximilian Pfeiffer suchen, zieht sie auf seine Festplatte und loggt sich wieder aus. Diese Aktion dauert weniger als eine Viertelstunde. Kai ist zweifellos ein Profi. Dann lässt er die Dateien ausdrucken und ihr studiert sie reihum.

➜ *Schließlich fasst Kai zusammen.* 36

59

Heute geht nicht mehr viel, aber morgen ist Samstag. Schulfrei! Deshalb könnt ihr schon am Vormittag zu Pfeiffers Haus marschieren. Jana freut sich zwar, dass ihr helfen wollt, doch sie kann nicht mit: »Ich muss morgen früh arbeiten. Falls ihr aber etwas herausbekommt, könnt ihr ja anschließend noch in der Buchhandlung vorbeischauen. Auf alle Fälle treffen wir uns morgen Nachmittag wie immer zum Training. Es ist nicht mehr lange bis zum Turnier – und wir haben einiges nachzuholen!« Jana verlässt euch und auch für euch wird es Zeit, nach Hause zu gehen.

→ *Am nächsten Morgen trefft ihr euch bei Smarty zu einem Z.A.P.igen Frühstück.* 43

60

Sabrina geht es inzwischen wieder besser. Also verabschiedet ihr euch mit vielen Worten und herzlichem Dank und zieht von dannen. Auf dem Weg in die Innenstadt berichten Kai und du von euren Entdeckungen.

Was bedeuten die Spuren in Pfeiffers Haus? Irgendetwas stimmt da nicht. Wer könnte hinter dem Einbruch stecken? Und vor allem: Wie ist das Diebesgut in Janas Basketball gekommen?

→ *Diese und noch mehr Fragen beantwortet ihr mit etwas Geschick im folgenden Kapitel.*

KAPITEL 3
IN DER HÖHLE DES LÖWEN
FUN
IT'S MAGIC
NU
32
NUR 7,95

Wenn man seinen Kopf klarkriegen will, dann sollte man meditieren, oder, noch besser, Basketball spielen. Da euch allen die zweite Version erheblich mehr Spaß bereitet, freut ihr euch schon auf den Nachmittag an der Basketballanlage. Jana will eure Wurftechnik verbessern und ihr könnt dabei auch prima ausknobeln, wie es weitergehen soll. In deinem Kopf rumort es.

➜ *Willst du mit den anderen zum Training gehen?* 73

➜ *Nein, du musst den ganzen Fall unbedingt noch einmal in Ruhe alleine durchdenken.* 69

61

Gemeinsam beschließt ihr, gleich noch eine Trainingsrunde anzuhängen. Hakenwürfe sind angesagt. Diese Dinger sind verteufelt schwer. Je nach Tagesform landet man einmal einen Supertreffer, während sich der nächste Ball irgendwo in den Wolken verliert. Verbissen übt ihr aus jeder denkbaren Lage. Denn bis zum Basketballturnier ist es nicht mehr lange – da müsst ihr euch schon ranhalten.

Natürlich quatscht ihr nebenbei immer wieder über den Fall. Sabrina meint: »Herr Pfeiffer kann ja eigentlich zufrieden sein. Schließlich hat er seinen Schmuck wieder.« Doch Jo ist anderer Meinung: »Quatsch! Das sind doch Beweisstücke – das dauert noch Ewigkeiten, bis der da wieder ran kann. Außerdem ist seine Bude demoliert. Das zahlt dem keiner.« Kai mischt sich ein: »Da ist der doch bestimmt gegen versichert!« Sabrina stutzt: »Sagt mal, wisst ihr eigentlich, ob der Schmuck versichert war?« Kai schüttelt den Kopf: »Nö, wieso?« – »Ach, ich dachte nur.« Smarty lächelt: »Willst du das wirklich wissen?« – »Weißt du es denn?« Smarty ist ehrlich: »Noch nicht. Aber mein Daddy kennt so ziemlich alle hohen Tiere von Mundingen. Ich könnte mich mal umhören.«

Das ist besser als Nichtstun. Also erteilt ihr Smarty den Auftrag.

➜ *Eigentlich könntet ihr ja wegen der Versicherung auch mal direkt bei Pfeiffer vorfühlen.* 65

➜ *Ihr erklärt den Tag für beendet und wartet, was Smarty und Bruder Jakob an Informationen herausfinden.* 75

62

Die anderen sind schon da. Neugierige Truppe! Es fehlt nur Jana. Smarty erklärt, er habe sie nicht erreichen können. Da also niemand mehr erwartet wird, legt er los. Er war mit seinem Dad auf einem Botschaftsempfang. Ebenfalls anwesend war ein gewisser Herr von Hugenbrinck, Vorstandsvorsitzender der Hanseatischen Versicherungs-AG. Der hat seinen Dad gleich angehauen, ob der als Mundinger Neubürger Maximilian Pfeiffer kennen würde. Smarty hörte unauffällig zu. Schließlich stellte sich heraus, dass Pfeiffer seinen Schmuck erst wenige Wochen vor der Tat bei der Hanseatischen Versicherungs-AG versichert hat. Allein das Diamantenhalsband für 1,2 Millionen. Kai wirft ein: »Das alleine heißt noch gar nichts.« Doch Smarty erwidert: »Warte ab! Weißt du, wann er den Schmuck als gestohlen gemeldet hat?« – »Nee, wann denn?« – »Unmittelbar am Morgen nach der Tat. Noch BEVOR er die Polizei verständigte.« Jo kratzt sich am Kopf: »Na, der hatte es aber eilig.« Ihr seid euch darüber klar, dass dies mehr als verdächtig ist. Schließlich machst du einen Vorschlag:

➜ *Ihr nehmt diesen Pfeiffer ganz genau unter die Lupe. Ab morgen soll er ja wieder im Lande sein.* 78

➜ *Ihr sprecht erst einmal mit Jana. Schließlich geht es um ihren Kragen.* 81

63

Begeistert begrüßt ihr den alten Knaben. Schnell stellt sich heraus, dass er nicht zufällig aufgekreuzt ist. Jana hatte ihn gebeten vorbeizukommen. Denn Bruder Jakob konnte euch schon mehr als einmal mit dem richtigen Tipp zur richtigen Zeit helfen. Warum nicht auch heute?

Zuerst erzählt Jana, wie sie an den mit Diebesgut gefüllten Basketball gekommen ist. Erst an dem fraglichen Morgen hatte sie ihn direkt im Pfeiffer-Mega-Store gekauft. Verdächtig ist ihr dabei nichts vorgekommen: »Es war eine Menge los. Gleichzeitig mit mir kauften noch zwei andere Kunden einen solchen Basketball. Und ein Kunde brachte einen zurück und machte einen Mordsradau, weil der Ball angeblich die Luft nicht hielt. Aber ich habe mir meinen Ball selbst ausgesucht und bin mir sicher, dass der tipptopp in Ordnung war.«

➜ *Ihr fragt Jana noch weiter aus, aber das Ergebnis bleibt mager.* 72

64

Draußen zeigst du den anderen deine Beute. Kai stößt einen Pfiff aus: »Donnerwetter, das Kaugummipapier ist genauso gefaltet wie das aus Pfeiffers Haus. Ich verstehe, was du meinst.« Jo ist irritiert: »Glaubt ihr, der Typ aus der Buchhandlung könnte der Einbrecher gewesen sein?« Du verdrehst die Augen: »Zum Beispiel, ja. Oder hast du eine andere Erklärung?« Jo winkt ab: »Schon gut, schon gut ...«

Du denkst laut nach: »Warum kauft der aber einen Reiseführer von Bad Blaufelden?« Jo will seinen Patzer von vorhin wieder gutmachen: »Na, vielleicht will er dort untertauchen.« Jetzt nickt Kai wohlwollend: »Gar nicht schlecht.«

Aber wie sollt ihr in dem nicht eben kleinen Ferienort nach dem Verdächtigen suchen? Wie sollt ihr überhaupt hinkommen? Jo platzt heraus: »Bruder Jakob!« Kai stutzt. »Was ist mit dem?« – »Na, der hat doch ein Auto.«

Ihr versucht Jo zu erklären, wie gering die Chance ist, einen Menschen dort wieder zu finden – falls er überhaupt dort ist. Doch Jo bleibt hart.

➜ *Schließlich pilgert ihr Jo zuliebe zum alten Stellwerk – und sei es auch nur wegen der dort sicher zu erwartenden gastronomischen Köstlichkeiten.* 89

65

Am Abend zieht ihr gemeinsam zu Pfeiffers Villa. Nur Smarty ist nicht dabei. Der Ärmste muss mit Daddy zu einem Diplomatenempfang. Lauter feine Pinkel. Puuuuh! Auch jetzt ist das Eingangstor zum Grundstück wieder abgesperrt. Ihr klingelt, aber niemand öffnet. Was könnt ihr jetzt unternehmen? Einfach über den Zaun klettern wäre Einbruch. »Aber einen Blick über die Mauer können wir doch riskieren.« Der Vorschlag kommt von Jo und alle sind damit einverstanden. Flink wie ein Eichhörnchen ist Jo die Mauer neben dem Eingangstor hinaufgeklettert: »So ein Mist!« Ihr wollt wissen, was los ist. Doch Jo vertröstet euch. Er holt eine Schnur aus einer seiner unzähligen Taschen, hantiert auf der Mauerkrone herum und springt schließlich zurück auf den Gehweg. Ein Ende der Schnur hält er in der Hand. Aus einiger Entfernung der Mauer reißt Jo heftig an der Leine. Nichts geschieht. Sabrina schaut Jo fragend an: »Und?« Im selben Augenblick zerreißt eine kreischende Sirene die Stille des Nobelviertels. Überall auf dem Pfeiffer-Grundstück gehen Scheinwerfer an. Am Haus flackern rote Blinklichter auf. Ihr macht, dass ihr wegkommt.

Ein paar Ecken weiter haltet ihr Kriegsrat. Pfeiffers Haus ist wie eine Festung gesichert. Ist doch seltsam, dass die Alarmanlage bei dem Diebstahl nicht losgegangen ist. War sie defekt? Oder haben die Diebe sie geschickt umgangen?

Darüber rätselt ihr lange, während die Zeit verrinnt. Schließlich schaust du auf die Uhr. Oh je, fast halb zehn.

Du verabschiedest dich und machst, dass du nach Hause kommst, denn um zehn musst du in der Wohnung sein.

➜ *Deine Eltern sind da gnadenlos.* 71

66

Es ist Smarty. Leider hörst du nur, was Kai sagt. Lauter rätselhafte Sätze: »Na, Zufälle gibt es ...« – »Nein, würde ich nicht.« – »Gut, so machen wir es.« Schließlich legt Kai auf und grinst dich geheimnisvoll an: »Smarty war sehr erfolgreich. Er hat Infos, die so heiß sind, dass du ein Spiegelei drauf braten könntest. Wir treffen uns morgen um zwei am Basketballplatz.«

Du wüsstest gerne mehr, aber die Zeit drängt. Wenn du nicht um Punkt zehn zu Hause bist, raucht es im Schuppen. Deine Eltern verstehen da keinen Spaß.

Zu Hause im Bett grübelst du noch eine Weile, was Smarty wohl herausgefunden haben mag. Schließlich schläfst du ein. Der Sonntagvormittag zieht sich beinahe endlos dahin.

➜ *Doch kurz vor zwei läufst du am Treffpunkt ein.* 62

67

Einige Zeit später grübelt ihr mit kugelrunden Bäuchen über eure nächsten Schritte. Minz ist aktiv in den Fall verwickelt, so viel scheint festzustehen. Doch ihr habt bei weitem nicht genug Material, um zur Polizei zu gehen. Mit der Kaugummipapier-Information alleine überzeugt ihr Kuckelmann gewiss nicht. Aber auch das vermeintliche Opfer Maximilian Pfeiffer hat sich verdächtig benommen. Die Schmuck-Versicherung geht euch nicht aus dem Kopf. Irgendwie ist die Sache vertrackt. Minz ist hochverdächtig, aber nicht greifbar. Pfeiffer ist da, aber ob der wirklich etwas Krummes auf dem Kerbholz hat, ist völlig offen. Was also wollt ihr unternehmen?

➜ *Ihr könnt versuchen, Herbert Minz in Bad Blaufelden zu finden. Eine fast unmögliche Aufgabe.* 74

➜ *Ihr könnt euch auf Pfeiffer konzentrieren, denn immerhin hat der auch einige Verdachtsmomente auf seinem Konto.* 84

68

Jana hatte Bruder Jakob gebeten, nach dem Training auf dem Basketballplatz vorbeizukommen. Denn Bruder Jakob konnte euch schon mehr als einmal mit dem richtigen Tipp zur richtigen Zeit helfen. Warum nicht auch heute?

Als ihr ankommt, streiten die anderen Z.A.P.er gerade mit hochroten Köpfen – weniger wegen des Trainings als vor Aufregung.

Sie spekulieren ins Blaue hinein und kommen auf die gewagtesten Ideen. Nachdem sie euch begrüßt haben, wollen sie weiterdebattieren. Aber du unterbrichst sie und fragst Jana, wie sie an den mit Diebesgut gefüllten Basketball gekommen ist.

Jana berichtet. Erst an dem fraglichen Morgen hatte sie ihn direkt im Pfeiffer-Mega-Store gekauft. Verdächtig ist ihr dabei nichts vorgekommen: »Es war eine Menge los. Gleichzeitig mit mir kauften noch zwei andere einen solchen Basketball. Und ein Kunde brachte einen zurück und machte einen Mordsradau, weil der Ball angeblich die Luft nicht hielt. Aber ich habe mir meinen Ball selbst ausgesucht und bin mir sicher, dass der tipptopp in Ordnung war.«

→ *Ihr fragt Jana noch weiter aus, aber das Ergebnis bleibt mager.* 72

69

Du bittest die anderen darum, dich heute Nachmittag in Ruhe zu lassen – was diese zwar ungern, aber dann doch tun. Während die anderen also im Training schwitzen, brütest du zu Hause über den mageren Tatsachen, die dir bekannt sind. Schnell stellst du fest, dass die Informationen viel zu dürftig sind. Wie ist Jana eigentlich an diesen Basketball gekommen? Das musst du unbedingt herausfinden. Also machst du dich seufzend doch noch auf den Weg zum Basketballplatz. Grübelnd schlurfst du den Gehweg entlang, als plötzlich ein Hupen hinter dir ertönt. Du drehst dich um und siehst Bruder Jakob in seinem hochbetagten VW-Käfer. Er hält die Beifahrertüre auf und du steigst ein.

➜ *Rasch stellt sich heraus, dass ihr den gleichen Weg habt.* 68

70

Ach ja. Das ist ja geschenkt.

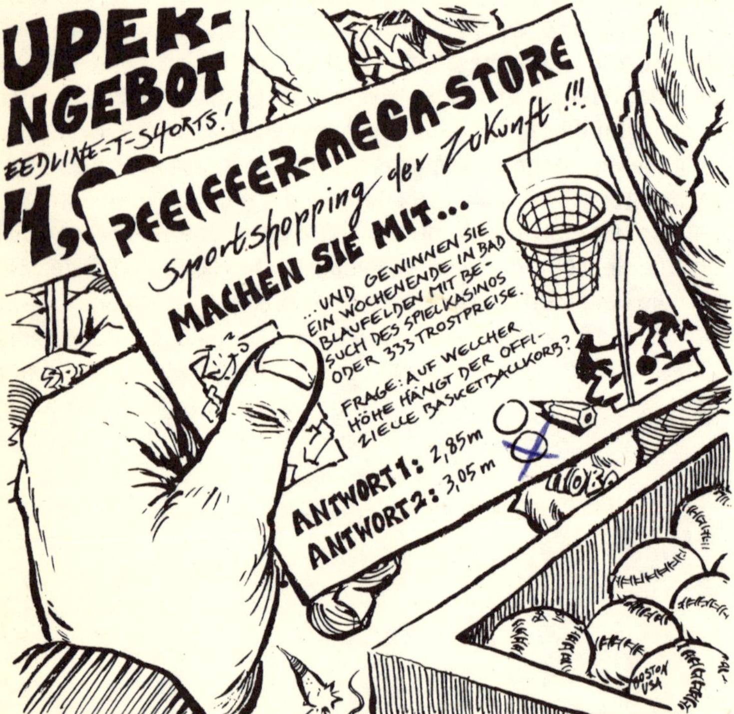

➜ *Du wirfst die Karte weg, denn du bist nicht zum Spielen hier.* 90

➜ *Du kreuzt Antwort 1 an und gibst die Karte ab.* 79

➜ *Du kreuzt Antwort 2 an und gibst die Karte ab.* 86

71

Zu Hause könntest du dich in den Hintern beißen. Deine Eltern sind überhaupt nicht da. Stattdessen wartet ein Zettel auf dem Küchentisch: »Sind im Kino. Gute Nacht, mein Mäuschen. Mama.« Klasse. Und da beeilt man sich so. Du hast noch keinen Bock aufs Bett, schwingst dich vor den Fernseher und zappst durch die Kanäle. Doch es kommt nur drittklassiger Serienmüll ...

Schweren Herzens schlurfst du ins Bett. Ruckzuck bist du weggeknackt.

Der Sonntagmorgen beginnt mit dem üblichen Familienfrühstück, geht weiter mit der üblichen Langeweile und gipfelt in einem unüblichen Anruf. Kurz vor dem Mittagessen ist Smarty am Telefon: »Wir treffen uns um zwei am Basketballplatz. Es gibt wichtige Neuigkeiten.« Du bist so begeistert davon, einem öden Familiensonntagnachmittag entkommen zu sein, dass du sogar vergisst, Smarty zu fragen, worum es geht.

➜ *Um kurz vor zwei läufst du am Treffpunkt ein.* 62

72

Nun berichtet ihr von euren Recherchen, vor allem von euren Beobachtungen in Pfeiffers Villa. Bruder Jakob hört mit geschlossenen Augen zu, ohne einen Laut von sich zu geben. Schließlich öffnet Bruder Jakob die Augen und fragt: »Kann ich das Kaugummipapier einmal sehen?« Ihr zeigt es ihm.

Er betrachtet es stumm eine ganze Weile, dann nickt er: »Ich glaube fast, ich habe da eine Idee. Doch ich bin mir noch nicht ganz sicher ...«

Ihr schaut ihn fragend an. Doch Bruder Jakob hebt abwehrend die Hände. »Bitte, seid so gut, lasst mir noch ein klein wenig Zeit. Ich melde mich in Kürze bei euch.« Bruder Jakob verabschiedet sich und lässt euch sechs alleine zurück.

Ihr grübelt noch eine Zeit lang, bis sich zwei Möglichkeiten herausbilden:

➜ *Ihr kümmert euch noch ein wenig um Pfeiffer, denn irgendwas stimmt an dem Typen nicht.* 65

➜ *Ihr konzentriert euch erst einmal auf euer Basketballtraining und wartet ab, was Bruder Jakob ausbrütet.* 61

73

Zunächst spielt ihr eine Runde klassisches 3-on-3 Streetball auf einen Korb. Zusammen mit Jana und Smarty mischst du Jo, Kai und Sabrina auf – nach allen Regeln der Kunst. Jana ist eben nicht nur groß, sondern auch schnell wie ein Panther. Mit ihr zu spielen macht richtig Spaß. Schon nach einer knappen Viertelstunde habt ihr das Match klar für euch entschieden. Völlig außer Atem lasst ihr euch auf dem Platz nieder.

In diesem Moment dröhnt hinter euch eine bekannte Stimme: »Ihr habt wohl gekämpft wie die Löwen. Zumindest seht ihr so aus.«

➜ *Bruder Jakob! Den hat der Himmel geschickt!* 63

74

Das romantische Kurstädtchen Bad Blaufelden liegt rund 25 km entfernt. Es gibt zwar eine Bahnverbindung, doch die beschränkt sich auf je einen Zug pro Tag in jeder Richtung. Also versucht ihr, Bruder Jakob davon zu überzeugen, dass er euch hinfährt.

Der ist auch prinzipiell bereit dazu. Allerdings hat er für heute schon was anderes vor. Ihr verabredet euch für morgen. Direkt nach dem Training am Basketballplatz.

Ihr verabschiedet euch und zieht von dannen. Für heute war es das. Oder? Oder! Ihr könnt den angebrochenen Abend eigentlich noch nutzen, um Pfeiffer auf den Pelz zu rücken. Schließlich hat ein Pfeiffer-Mega-Store jeden Abend bis 20.00 Uhr geöffnet. Am besten, ihr schaut euch dort einmal um.

Der Pfeiffer-Mega-Store ist schon eine irre Sache. Mitten in der City auf vier Etagen nichts als Sportzubehör. Allein in der Basketball-Abteilung könntet ihr stundenlang herumstrolchen. Nicht weniger als 73 verschiedene Basketballschuhe gibt es dort, allerdings zu Preisen, die euer Taschengeld um ein Vielfaches überschreiten. Unten im Foyer gibt es eine Aktion. Eine Verkäuferin verteilt Fragekarten.

→ *Wer die richtige Antwort weiß, kann etwas gewinnen.* 70

75

Den Samstagabend verbringt jeder auf seine ganz spezielle Weise. Jo und Sabrina müssen auf eine goldene Hochzeit in ihrer unendlich großen Verwandtschaft. Smarty darf seinen Herrn Papa auf einen drögen Botschaftsempfang begleiten und du bist mit Kai verabredet. Dein Freund hat wieder eine Reihe neuer Computerspiele – alles Beta-Testversionen von Spielen, die noch gar nicht auf dem Markt sind. Gut, wenn man einen Vater aus der Branche hat.

Leider gibt es kein Spiel, bei dem du auch nur den Hauch einer Chance hast, gegen Kai zu gewinnen. Als es auf 22.00 Uhr zugeht, bist du am Boden zerstört. Kai versucht dich zu trösten: »Kopf hoch, Sherlock, dafür bist du der kreativste Kopf von uns allen. Das ist viel wichtiger als einen schnellen Joystick zu schwingen.« Du seufzt und wirfst dir im Flur die Jacke über, als das Telefon klingelt. Kai greift zum Hörer.

➜ *Du wartest ab, wer so spät noch anruft.* 66

➜ *Du machst, dass du nach Hause kommst, denn um zehn musst du in der Wohnung sein. Deine Eltern sind da gnadenlos.* 71

76

Kuckelmann ist wohl eine Laus über die Leber gelaufen. Er ist gerade gar nicht gut auf euch zu sprechen. Böse funkelt er euch an: »Ihr pfuscht doch nicht wieder in Fällen herum, die euch nichts angehen?« Du reagierst geistesgegenwärtig: »Wir? Nie im Leben!« Kuckelmann fixiert dich mit durchdringendem Blick. Es ist klar, er glaubt dir kein Wort. Dann entlässt er euch mit einem Knurren und wendet sich Jana zu: »Fräulein Riedel, ich hätte da noch ein paar Fragen ...« Ihr zieht euch zurück.

→ *Aber vorher hebst du noch etwas auf ...* 64

77

Mit schnellen Schritten stürmst du zum Bus. Kurz bevor der Flüchtige darin verschwinden kann, erreichst du ihn und packst ihn an der Schulter. »Halt!« Als er sich umdreht, schaust du in ein ganz fremdes Gesicht. Schnell stammelst du ein paar entschuldigende Worte und ziehst dich wieder zurück. Mist! Nun ist der Gesuchte sicher über alle Berge.

→ *Frustriert gehst du zurück in die Buchhandlung. Zurück zu deinen Freunden und ... – Kuckelmann.* 76

78

Am Montag übersteht ihr tapfer den Schulvormittag ohne größere Komplikationen. Gleich nach dem Essen tigert ihr gemeinsam zu Pfeiffers Nobelherberge.

Vor dem Tor überlegt ihr euch einen guten Grund, um Pfeiffer in ein Gespräch zu verwickeln. Jo ist sich sicher: »Gute Ideen bleiben gute Ideen. Ich versuche die Gruschpirdliczka-Tour.« Ihr anderen bleibt skeptisch. Doch Jo drückt entschlossen auf den Klingelknopf.

Nichts rührt sich. Scheint niemand zu Hause zu sein. Pech! Na, dann könnt ihr auch die Zeit nutzen und Jana in der Buchhandlung besuchen.

Nichts wie hin zur Buchhandlung am Markt. Jana ist da, aber sie bedient gerade einige Kunden, so habt ihr genügend Zeit, euch umzuschauen.

✔ *Hast du mindestens Euro 15,00 auf deiner Abenteuerkarte? Dann kannst du, wenn du möchtest, das offizielle Streetbasket-Lehrbuch erwerben. Wenn ja, dann ziehe Euro 15,00 von deiner Abenteuerkarte ab und trage dafür »Streetbasketbuch« ein.*

Schließlich hat Jana ein paar Minuten Zeit. Ihr erzählt ihr von euren Erlebnissen und Plänen.

Jana hält es für keine gute Idee, Pfeiffer zu bedrängen. Sie hat Angst, dass es ihr schaden könnte, wenn herauskommt, dass Freunde einer Verdächtigen dem Opfer hinterherspionieren.

➜ *Kai und Sabrina reden auf sie ein, um sie zu überzeugen.* 83

79

Die Verkäuferin nimmt deine Karte, schaut sie an und lächelt bedauernd. »Tut mir Leid, Kind. Das war die falsche Antwort. Leider hast du nichts gewonnen.«

→ *Tja, hätte ja auch klappen können. Seufzend machst du dich mit den anderen auf die Suche nach dem großen Boss Pfeiffer.* 90

80

»Herbert Minz ist das, was man als kleinen Gauner bezeichnet. Ich will euch nicht lange mit seiner Lebensgeschichte quälen. Er ist ein Kind aus dem Milieu, wie man so sagt. Vater unbekannt, Mutter Alkoholikerin, Heimkind. Das erste Mal vorbestraft mit 15 Jahren. Seitdem immer wieder kleine Überfälle, Autodiebstähle und Ähnliches. Vor Jahren war er in einer meiner Jugendgruppen. Seitdem habe ich ihm immer wieder mal aus der Patsche geholfen. Denn Herbert ist trotz allem ein gutmütiger, um nicht zu sagen, ein guter Mensch. Leider wird er immer wieder von den falschen Leuten beeinflusst.« Kai unterbricht: »Schön und gut – oder besser traurig. Aber warum erzählen Sie uns das alles?«

Bruder Jakob seufzt: »Weil Herbert Minz eine überaus seltene, beinahe einmalige Angewohnheit hat: Er kaut ununterbrochen Kaugummis.

→ *Und sein Kaugummipapier faltet er genauso, wie jenes aus Pfeiffers Villa.«* 85

81

Am Montag übersteht ihr tapfer den Schulvormittag ohne größere Komplikationen. Gleich nach dem Essen tigert ihr gemeinsam zur Buchhandlung am Markt. Jana ist da, aber sie bedient gerade einige Kunden, so habt ihr genügend Zeit, euch umzuschauen.

✔ *Hast du mindestens Euro 15,00 auf deiner Abenteuerkarte? Dann kannst du, wenn du möchtest, das offizielle Streetbasket-Lehrbuch erwerben. Wenn ja, dann ziehe Euro 15,00 von deiner Abenteuerkarte ab und trage dafür »Streetbasketbuch« ein.*

Schließlich hat Jana ein paar Minuten Zeit. Ihr erzählt ihr von euren Erlebnissen und Plänen.

Jana hält es für keine gute Idee, Pfeiffer zu bedrängen. Sie hat Angst, dass es ihr schaden könnte, wenn herauskommt, dass Freunde einer Verdächtigen dem Opfer hinterherspionieren.

➜ *Kai und Sabrina reden auf sie ein, um sie zu überzeugen.* 83

82

Du stutzt. Der Typ faltet ... klar ... ein Kaugummipapier. Dann lässt er es fallen und verlässt die Buchhandlung. Du bist wie elektrisiert. »Halt!«, rufst du. Alle drehen sich zu dir um. Du stürmst dem Typen hinterher. Dieser dreht sich kurz um, erkennt, dass du ihn meinst, und flitzt eilig durch die Türe. Dabei rempelt er ausgerechnet Kuckelmann an, der eben den Laden betritt. Kuckelmann gerät ins Stolpern, läuft dir genau in die Arme. Ihr knallt zusammen und landet frontal im Riesenwerbeständer mit dem neuesten Band aus der Bestsellerreihe »McMorrister«. Fast werdet ihr von den Büchern lebendig begraben. Mühsam rappelt ihr euch beide wieder hoch.

→ *Zwecklos, dem Typen zu folgen. Der ist bestimmt über alle Berge.* 76

→ *Quatsch. Du lässt Kuckelmann mit offenem Mund stehen und stürzt zur Türe hinaus.* 88

83

Währenddessen gleitet dein Blick durch die Buchhandlung.

→ *Kuckelmann. Der hat euch gerade noch gefehlt.* 76

→ *Der Typ mit dem Reiseführer. Da stimmt doch was nicht.* 82

84

Auf zu Pfeiffer. Zu Hause scheint der jedoch so gut wie nie zu sein. Vielleicht versucht ihr es in seinem Stammgeschäft, dem Pfeiffer-Mega-Store im Stadtzentrum? Da soll auch die Hauptverwaltung seiner Sportshop-Kette sein. Am besten, ihr schaut euch dort einmal um.

Der Pfeiffer-Mega-Store ist schon eine irre Sache. Mitten in der City auf vier Etagen nichts als Sportzubehör. Allein in der Basketball-Abteilung könntet ihr stundenlang herumstrolchen. Nicht weniger als 73 verschiedene Basketballschuhe gibt es dort, allerdings zu Preisen, die euer Taschengeld um ein Vielfaches überschreiten. Unten im Foyer gibt es eine Aktion. Eine Verkäuferin verteilt Fragekarten.

➜ *Wer die richtige Antwort weiß, kann etwas gewinnen.* 70

85

Whow. Nun habt ihr endlich einen Verdächtigen. Du beschreibst Bruder Jakob den Typen aus der Buchhandlung. Er nickt: »Klarer Fall, das ist Herbert Minz, den du gesehen hast.« Ihr seid ganz aufgeregt. Alle sprechen wild durcheinander und machen Vorschläge, wie Minz gefunden werden kann. Schließlich unterbricht euch Bruder Jakob: »Moment mal, ihr habt eines nicht berücksichtigt.« Alle schauen Bruder Jakob an: »Herbert Minz ist ein viel zu kleiner Gauner für einen Einbruch von dieser Größenordnung. Ich denke, er kann hier bestenfalls als Helfer fungiert haben. Alleine hätte er eine solche Sache niemals auf die Beine gestellt.« Bruder Jakob fährt fort: »Eben drum müsst ihr mir eines versprechen, denn ich habe ja fast schon gegen meine priesterliche Schweigepflicht verstoßen, indem ich euch von Minz erzählt habe.« Sabrina will es wissen: »Was sollen wir Ihnen versprechen?« – »Na, dass ihr Minz nicht der Polizei ausliefert. Er kann nicht der Haupttäter gewesen sein. Spürt ihm nach, findet ihn, wenn es sein muss. Aber lasst nicht zu, dass er zum Sündenbock wird. – Das ist schon viel zu oft geschehen.«

Leicht fällt es euch nicht, aber ihr seht das Problem. Ihr gebt Bruder Jakob feierlich das gewünschte Versprechen. Der nickt erleichtert:

➜ *»So, jetzt werde ich uns etwas Feines zum Essen zaubern!«* 67

86

Die Verkäuferin liest deine Karte und bricht in helles Entzücken aus: »Oh, Kind, du kennst dich ja schon richtig toll aus. Die Antwort ist richtig. Du nimmst an der großen Verlosung teil. Hier hast du schon einmal einen kleinen Preis vorab.«

Sie händigt dir ein kleines Päckchen aus: Nylon-Drachenschnur, 100 m extra stark. Klasse! Du hast zwar keinen Drachen, aber was soll's.

✔ *Trage »Drachenschnur« auf deiner Abenteuerkarte ein.*

Nun aber an die eigentliche Arbeit. Schließlich seid ihr nicht gekommen, um Gimmicks einzusammeln, sondern um ernsthafte Detektivarbeit zu betreiben.

➜ *Du machst dich mit den anderen auf die Suche nach Maximilian Pfeiffer höchstpersönlich.* 90

87

Du stürmst in die Gasse. Diese endet schon nach kurzer Zeit vor einer Garage. Mist! Nun ist der Flüchtige sicher über alle Berge. Dafür hat er auf der Straße das Buch verloren, das er unter dem Arm hatte. Einen Reiseführer: »Urlaub in Bad Blaufelden«. Du steckst ihn ein.

✔ *Trage »Reiseführer« auf deiner Abenteuerkarte ein.*

➜ *Frustriert drehst du um und gehst zurück in die Buchhandlung. Zurück zu deinen Freunden und ... Kuckelmann.* 76

88

Draußen schaust du dich um. Doch von dem Flüchtigen ist keine Spur zu sehen. Oder doch?

➜ *Da, die kleine Gasse.* 87

➜ *Zu spät, der Typ ist nirgends zu sehen. Zurück in die Buchhandlung.* 76

➜ *Dort, er steigt gerade in den Bus.* 77

89

Doch genau das wird heute wohl nichts. Als ihr am Stellwerk ankommt, ist es fest verrammelt. Kein Bruder Jakob weit und breit. Stattdessen beginnt es zu tröpfeln. Schon wollt ihr geknickt von dannen ziehen, als Bruder Jakob langsam über die Gleise auf euch zugestapft kommt. Er begrüßt euch: »Gut, dass ihr kommt. Ich habe mich entschieden.« Ihr schaut euch fragend an. Dann erinnert ihr euch an die Szene auf dem Basketballplatz. Kurz darauf sitzt ihr vor einigen Tassen Tee. Bruder Jakob spricht langsam und leise: »Also, ich habe lange nachgedacht, aber es führt kein Weg daran vorbei. Ich muss euch etwas erzählen. – Aber nur, wenn ihr mir etwas versprecht ...« – »Was denn?« – »Nur Geduld!«

➜ *Bruder Jakob fährt fort ...* 80

90

Ihr nehmt den Fahrstuhl in den obersten Stock. Dort ist der Eingang zum Verwaltungstrakt. Ihr öffnet die imposante Glastüre und landet in einem luxuriösen Vorraum. Hinter einem ausladenden Marmorschreibtisch sitzt eine Empfangsdame. Ihr sieht man die Haare auf den Zähnen schon aus zehn Metern Entfernung an. Sie fixiert euch mit einem durchdringenden Blick: »Bitte?«

Kai nimmt seinen Mut zusammen: »Wir würden gerne Herrn Pfeiffer sprechen.« Die Empfangsdame mustert euch noch einmal von oben bis unten. Schließlich lächelt sie: »Seid ihr die Besuchergruppe der Basketball-Jugendnationalmannschaft?« Kai stutzt. Sabrina reagiert schnell: »Natürlich. Wir waren doch angemeldet?« – »Oh ja. Einen Moment, Herr Pfeiffer wird gleich kommen, um euch persönlich durch den Mega-Store zu führen.«

Ihr lasst euch in die Ledersitze fallen, auf die die Empfangsdame deutet. Nun habt ihr den Salat. Gleich werdet ihr dem großen Maximilian Pfeiffer höchstpersönlich begegnen. Aber unter welchen Voraussetzungen? Gelingt es euch, die Show weiterzuspielen, ihn gar auszuquetschen? Oder fliegt ihr auf – und raus, noch bevor ihr irgendetwas in Erfahrung bringen könnt?

➜ *Eines steht fest: Die kommenden Minuten versprechen spannend zu werden, das werdet ihr im nächsten Kapitel sehen ...*

KAPITEL 4
HINTERHALT IM CAMPINGZELT

Schließlich geht eine Türe auf und Maximilian Pfeiffer höchstpersönlich betritt den Raum. Er kommt mit ausgestreckten Händen auf euch zu und lächelt euch liebenswürdig an. Der Reihe nach schüttelt er jedem die Hand: »Ihr seid ein wenig zu früh. Wo ist denn Herr Kruse, euer Betreuer?« Kai stößt dir in die Rippen. Du sprudelst los: »Ähm, der ist unten aufgehalten worden. Er kommt sicher bald nach.« – »So? Na dann können wir ja solange schon mal anfangen. Meine Mitarbeiterin wird ihm dann den Weg zu uns weisen. Kommt mit.« Pfeiffer beginnt eine Führung durch seinen Mega-Store.

➜ *Jetzt heißt es, schnell das Gespräch auf den Einbruch zu bringen, bevor ihr auffliegt.* 96

➜ *Ihr wartet einfach ab, ob Pfeiffer von sich aus etwas auspackt.* 98

91

Ihr dreht euch um und schleicht euch von dannen. Vorsichtig biegt ihr um die Ecke. Als Kai plötzlich erstarrt: »Da, da, da ...« Du schaust in die Richtung, in die er zeigt. Tatsächlich: Dort kommt Herbert Minz den Gang entlanggelaufen. Schnell dreht ihr euch um. Sein Weg führt direkt zu Pfeiffer. Dieser wird kreidebleich, als er Minz sieht. Sofort beendet er das Telefonat und redet auf Minz ein. Ihr nutzt die Chance und schleicht euch vorsichtig an. Auf der anderen Seite des Regals verhaltet ihr euch mucksmäuschenstill. Trotzdem versteht ihr nur einen Teil des Gespräches:

»Was machst du hier? Ich habe doch ... sollst dich hier auf gar keinen Fall blicken lassen ... Wenn uns jemand zusammen ...« – » ... sind uns auf den Fersen ...« – »Quatsch!« – » ... glaube, die haben ...« – »jetzt nicht ... heute Nacht ... um 22.00 Uhr. Ich lasse den Hinterausgang offen. Dann klären wir das.«

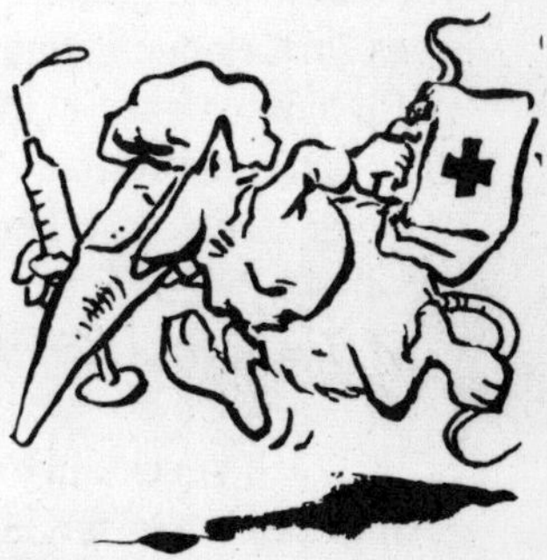

Ihr habt genug gehört. Schnell verlasst ihr den Mega-Store. Unten auf der Straße überlegt ihr, wie es nun weitergehen soll.

➜ *Ihr beschließt, direkt zu Jana zu gehen und mit ihr das weitere Vorgehen zu besprechen.* 100

92

Smarty und du, ihr kriecht in ein Iglu-Zelt. Kai, Sabrina und Jo nehmen ein Hauszelt direkt daneben. Ihr verharrt so still wie nur möglich.

Ob wirklich beide kommen? Geht eure Rechnung auf oder scheitert ihr kläglich? Was dann? Je länger ihr grübelt, desto klarer wird euch, dass es wirklich keine andere Chance gibt. Ihr müsst die Ganoven aus dem Konzept und damit zu einem Geständnis bringen. Ansonsten habt ihr nicht den kleinsten Beweis für Janas Unschuld in der Hand.

Du merkst, wie etwas über deine Beine huscht. Dr. Seltsam. Die kleine Ratte kann natürlich nicht still sitzen. Immer wieder stupst sie dich mit ihrer spitzen Nase an. Du fährst herum: »Kscchh. Dr. Seltsam, hör auf mit dem Quatsch.« Du spürst etwas Hartes am Bein und drehst dich um. In der Düsternis erkennst du, dass Dr. Seltsam etwas in der Schnauze hat.

Du nimmst es ihm ab und betrachtest den Gegenstand genauer. Es ist ein Karabinerhaken, wie er zum Klettern benutzt wird. Du kannst ihn einstecken, wenn du möchtest.

✔ *Trage »Karabinerhaken« auf deiner Abenteuerkarte ein.*

Plötzlich geschieht etwas: Am anderen Ende des Stocks öffnet sich mit einem leisen Zischen die Fahrstuhltüre.

➜ *Deckung, sofort!* 111

➜ *Vorsichtig beobachtet ihr weiter, was geschieht.* 107

93

Jana grübelt laut: »Ich denke, wir sollten zur Polizei gehen.« Aber Kai hält dagegen: »Was können wir denn schon beweisen? Bisher haben wir nur Vermutungen. Wir haben nur eine Chance: Wir müssen heute Nacht dorthin und mithören, was die besprechen. Eine andere Möglichkeit gibt es nicht.« Doch Jana ist nicht so leicht zu überzeugen. Schließlich ruft sie Bruder Jakob an. Er verspricht, zu so später Stunde noch vorbeizukommen. Als es wenig später klingelt, könnt ihr die ganze Geschichte noch einmal erzählen. Langsam packt euch der Hunger. Jana streicht ein paar Brötchen. Währenddessen diskutiert ihr weiter. Schließlich ist Jana überzeugt. »Also gut, wir gehen hin. Aber ich komme mit ... AUTSCH!« Jana lässt das Messer fallen, mit dem sie gerade ein Brötchen durchgeschnitten hat. Sie hält ihre Hand. Auf den Boden fallen dicke rote Tropfen. Sofort seid ihr bei ihr. Jana wird ganz bleich und muss sich schnell setzen. Sie hat sich in die Handfläche geschnitten, ganz schön tief. Bruder Jakob reagiert am schnellsten. Er verbindet die Wunde notdürftig mit einem Küchentuch, dann packt er Jana unter den Schultern. »Helft mir, sie ins Auto zu bringen, ich fahre sie ins Krankenhaus.«

Unten ladet ihr Jana, die immer noch käsebleich ist und zittert, in den alten Käfer. Bruder Jakob springt hinein und lässt den Motor an. »Also Kinder, ihr müsst los. Ich bringe Jana ins Krankenhaus. Macht euch keine Sorgen um sie, es ist nur eine Fleischwunde.« Mit diesen Worten braust Bruder Jakob davon.

➜ *Der Schreck sitzt euch noch tief in den Knochen. Trotzdem macht ihr euch jetzt auf zum Mega-Store. In Kürze treffen sich die beiden Gauner.* 106

94

Du rennst, was deine Beine hergeben. Doch die Türe schließt sich, kurz bevor du sie erreicht hast. Pfeiffers dröhnendes Gelächter wird damit verschluckt. Frust!

Erschöpft bleibst du vor der Fahrstuhltüre stehen. Auf der Stockwerksanzeige könnt ihr Pfeiffers Flucht verfolgen. Schließlich leuchtet die Anzeige im Erdgeschoss. Damit ist euch Pfeiffer entwischt. Es ist zum Heulen. Du stützt dich auf Sabrina und gemeinsam schleicht ihr wie zwei begossene Pudel zurück zu den anderen.

Kurz bevor ihr sie erreicht habt, hört ihr, wie sich hinter euch die Fahrstuhltüre wieder öffnet. Ihr erstarrt. Dann fahrt ihr herum.

Im Fahrstuhl steht Kommissar Kuckelmann, begleitet von einem halben Dutzend Streifenpolizisten. Zwei von ihnen halten einen mächtig unzufriedenen Pfeiffer in Gewahrsam.

Kuckelmann kann sich einen Kommentar nicht verkneifen:

➜ *»Na, bravo! Da kam die Kavallerie ja gerade noch rechtzeitig zum Auslöffeln der Suppe.«* 101

95

Schon vor Schulbeginn haltet ihr eine große Strategiebesprechung ab. Kai fasst zusammen: »Wir wissen, dass Minz am Einbruch beteiligt war. Wir wissen, dass Pfeiffer Spielschulden hat, die er kaum bezahlen kann. Wir wissen, dass Pfeiffer seinen Schmuck, der ihm kurz darauf praktischerweise gestohlen wurde, hoch versicherte. Eure Schlüsse?« Für Smarty ist alles klar: »Pfeiffer hat den Einbruch selbst mit Minz zusammen arrangiert.« Doch dagegen sprechen wieder andere Tatsachen. Pfeiffer hätte seinen Schmuck ja auch einfach verkaufen können. Es gibt keinen Beweis dafür, dass Pfeiffer und Minz sich kennen. Und alle Fakten erklären immer noch nicht, wie der Schmuck in Janas Basketball landen konnte. Kai macht der Diskussion ein Ende: »Egal wie. Wir haben ohnehin nur eine Möglichkeit: Wir müssen am Spielkasino sein, wenn Pfeiffer dort ankommt. Vielleicht können wir da etwas aufschnappen?«

Da es wenig Sinn macht, wenn alle nach Bad Blaufelden ziehen, einigt ihr euch darauf, dass Kai und Sabrina den Job erledigen. Sie fahren mit dem Zug hin und werden abends so gegen 20.00 Uhr mit dem Zug zurückkommen. Ihr anderen wollt den Nachmittag noch ein wenig fürs Turnier trainieren.

➜ *Abends wollt ihr euch dann alle bei Jana treffen.* 38

96

Du legst los: »Herr Pfeiffer, freut es Sie, dass der Schmuck aus Ihrem Einbruch wiedergefunden wurde?« – »Wie? Äh, ja natürlich! Und hier seht ihr also unsere Campingabteilung mit über 120 …« Ein neuer Versuch: »Herr Pfeiffer?« – »Ja?« – »Glauben Sie eigentlich, dass Profis den Einbruch bei Ihnen verübt haben?« Pfeiffer stutzt. Dann bleibt er stehen: »Also interessiert ihr euch für den Mega-Store oder für die privaten Probleme anderer Leute?« Betretenes Schweigen.

In diesem Moment kommt die Empfangsdame angelaufen und flüstert Pfeiffer etwas ins Ohr. Dann hält sie ihm ein Handy hin. Pfeiffer entschuldigt sich: »Ich muss eben kurz telefonieren«, dann dreht er sich um.

➜ *Nun aber nichts wie weg, wahrscheinlich seid ihr aufgeflogen.* 91

➜ *Volles Risiko: Ihr bleibt, um vielleicht etwas Wichtiges aufzuschnappen.* 103

97

Bei Jana wartet ihr auf Kai und Sabrina. In der Zwischenzeit berichtet ihr von euren neuen Erkenntnissen. Endlich, um kurz nach acht, laufen eure beiden Freunde ein. Sie sind total abgehetzt. Kai berichtet: »Wir haben nicht viel Zeit. Pfeiffer ist wirklich dort aufgetaucht. Uns haben sie natürlich nicht reingelassen, aber wir haben Pfeiffer verfolgt, als er wieder herauskam. Dann ging er nämlich in den Kurpark. Enten füttern. Und dort auf einer Bank wartete jemand auf ihn. Ratet mal, wer das war?« Smarty ist am schnellsten: »Herbert Minz?« – »Bingo! Wir konnten die beiden nur teilweise belauschen, weil wir nicht nahe genug rankamen. Aber so viel steht fest: Die beiden sind wohl wirklich irgendwie Komplizen. Jedenfalls hat Minz gedroht, nicht mehr länger mitzumachen, und Pfeiffer hat ein weiteres Treffen anberaumt. Heute abend um 22.00 Uhr im Mega-Store in der Campingausstellung.« Smarty ist Feuer und Flamme: »Da müssen wir hin!«

→ *Doch Jana schaut nicht sehr begeistert.* 93

98

Pfeiffer marschiert zackig los: »Und hier seht ihr also unsere Campingabteilung mit über 120 verschiedenen Zeltmodellen. Ach ja, jetzt wo wir unter uns sind, wie ist der Kruse eigentlich so als ...« Jo fragt: »Trainer? Nun, er nimmt uns hart ran.« – »So? Ach ja. Ich dachte, euer Trainer hieße Hülbert und Kruse sei nur euer Betreuer?« Betretenes Schweigen.

In diesem Moment kommt die Empfangsdame und flüstert Pfeiffer etwas ins Ohr. Dann hält sie ihm ein Handy hin. Pfeiffer entschuldigt sich kurz, dann dreht er sich um.

→ *Nun aber nichts wie weg, wahrscheinlich seid ihr aufgeflogen.* 91

→ *Volles Risiko: Ihr bleibt, um vielleicht etwas Wichtiges aufzuschnappen.* 138

99

Etwas eng ist es schon hinter dem Basketballregal. Dafür könnt ihr alle zusammen bleiben. Ihr flüstert leise. Ob wirklich beide kommen? Geht eure Rechnung auf oder scheitert ihr kläglich? Was dann? Je länger ihr grübelt, desto klarer wird euch, dass es wirklich keine andere Chance gibt. Ihr müsst die Ganoven aus dem Konzept und damit zu einem Geständnis bringen. Ansonsten habt ihr nicht den kleinsten Beweis für Janas Unschuld in der Hand.

Plötzlich geschieht etwas: Am anderen Ende des Stocks öffnet sich mit einem leisen Zischen die Fahrstuhltüre.

→ *Deckung, sofort!* 111

→ *Vorsichtig beobachtet ihr weiter, was geschieht.* 107

100

Jana ist zu Hause und freut sich mächtig über euren Besuch. Ihr berichtet, was ihr im Mega-Store erlebt habt. Jana grübelt: »Ich denke, wir sollten zur Polizei gehen.« Aber Kai hält dagegen: »Was können wir denn schon beweisen? Bisher haben wir nur Vermutungen. Wir haben nur eine Chance: Wir müssen heute Nacht dorthin und mithören, was die besprechen. Eine andere Möglichkeit gibt es nicht.« Doch Jana ist nicht so leicht zu überzeugen. Schließlich ruft sie Bruder Jakob an. Er verspricht, zu so später Stunde noch vorbeizukommen. Als es wenig später klingelt, könnt ihr die ganze Geschichte noch einmal erzählen. Langsam packt euch der Hunger. Jana streicht ein paar Brötchen. Währenddessen diskutiert ihr weiter. Schließlich ist Jana überzeugt: »Also gut, wir gehen hin. Aber ich komme mit ... AUTSCH!« Jana lässt das Messer fallen, mit dem sie gerade ein Brötchen durchgeschnitten hat. Sie hält ihre Hand. Auf den Boden fallen dicke rote Tropfen. Sofort seid ihr bei ihr. Jana wird ganz bleich und muss sich schnell setzen. Sie hat sich in die Handfläche geschnitten, ganz schön tief. Bruder Jakob reagiert am schnellsten. Er verbindet die Wunde notdürftig mit einem Küchentuch, dann packt er Jana unter den Schultern. »Helft mir, sie zum Auto zu bringen, ich fahre sie ins Krankenhaus.«

Unten ladet ihr Jana, die immer noch käsebleich ist und zittert, in den alten Käfer. Bruder Jakob springt hinein und lässt den Motor an. »Also, Kinder, ihr müsst los. Ich bringe Jana ins Krankenhaus. Macht euch keine Sorgen um sie, es ist nur eine Fleischwunde.« Mit diesen Worten braust Bruder Jakob davon.

➜ *Der Schreck sitzt euch noch tief in den Knochen. Trotzdem macht ihr euch jetzt auf zum Mega-Store. In Kürze treffen sich die beiden Gauner.* 106

101

Kommissar Kuckelmann! Dir entfährt es zuerst: »Wie kommen Sie denn ...?« Kuckelmann unterbricht dich. »Das müsstet ihr eigentlich wissen. Vor einer Viertelstunde haben wir einen anonymen Anruf bekommen. Wenn wir den Diamantendieb erwischen wollen, dann sollten wir schnurstracks hier aufkreuzen. Ich dachte eigentlich, der Anruf wäre auf eurem Mist gewachsen!«

Du schaust in die Runde. Ihr Z.A.P.er habt nicht die geringste Ahnung.

Kuckelmann lässt sich über die wahren Täter aufklären und die Kassette mit dem Mitschnitt aushändigen. Ihr berichtet auch, dass euch Herbert Minz im entscheidenden Moment geholfen hat. Kuckelmann hört aufmerksam zu, dann trifft er seine Entscheidung: »Pfeiffer nehmen wir mit, der wird heute seine erste Nacht im Gefängnis erleben. Es wird wahrscheinlich nicht seine letzte sein. Sie, Herbert Minz, lassen wir vorläufig auf freiem Fuß. Melden Sie sich morgen Punkt 8.00 Uhr zum Verhör im Polizeipräsidium.« Dann wendet er sich an euch: »Was mache ich jetzt mit euch? Eigentlich sollte ich euch wegen Einbruch einkassieren. Ich hätte nicht übel Lust dazu. Vielleicht würde euch eine Nacht im Gefängnis eure Detektivallüren endlich austreiben ...«

➜ *»Nicht nötig, mein Sohn, ich bin mir sicher, diese jungen Menschen haben ihre Lektion gelernt.«* 120

102

Als ihr die Campingausstellung erreicht, schaut ihr euch im Schein von Sabrinas Maglite um.

Wo könnt ihr euch am besten verstecken, um auf die Ganoven zu warten?

➜ *Wenn ihr euch in zwei Gruppen aufteilt, könnt ihr euch in den aufgestellten Zelten verstecken.* 92

→ *Hinter dem Basketballregal, das wäre auch kein schlechter Platz.* 99

103

Ihr lauscht unauffällig mit. Zunächst könnt ihr euch keinen Reim darauf machen. »Ja, ja. Ich weiß ... Nein, es gibt keine Probleme ... mir ist nur bei der Beschaffung etwas dazwischengekommen ... So hören Sie doch ... ich weiß, dass es überfällig ist. Nein, hören Sie, ich bringe morgen Nachmittag einen Scheck über 20 % der Summe. Ja, gewiss doch.«

Pfeiffer dreht sich zu euch um. Ihr tut so, als ob ihr die Auslagen betrachtet. Pfeiffer wirkt bleich, doch schnell fängt er sich wieder. »Tut mir Leid, Kinder, ich muss noch schnell etwas erledigen. Frau Grund hier wird euch weiter führen.« Er gibt seiner Mitarbeiterin das Handy und geht. Ihr seht ihm nach. Sabrina wendet sich an Frau Grund: »Entschuldigen Sie, ich würde gerne mal kurz unseren Betreuer anrufen und hören, wo er bleibt.« Frau Grund stutzt, dann gibt sie Sabrina das Handy. Die dreht sich um, drückt eine Taste und hebt das Handy ans Ohr. Kurz horcht sie, dann drückt sie wieder auf einen Knopf und gibt das Handy zurück. »Vielen Dank, er hebt nicht ab. Wir werden ihn wohl am Haupteingang abpassen müssen.«

Sabrina verklickert Frau Grund, dass ihr noch einmal runter zum Haupteingang wollt, um euren Betreuer abzupassen.

→ *Der Sekretärin scheint der Abschied von euch nicht schwer zu fallen.* 117

104

Sabrina und du stürzen als Erste hinterher. Zu spät! Pfeiffer hat den offenen Fahrstuhl schon fast erreicht. Ihr seid noch über zehn Meter von ihm entfernt. Sabrina bleibt frustriert stehen: »Den kriegen wir nicht mehr!«. Du stürmst weiter. Pfeiffer steht bereits im Fahrstuhl und dreht sich um. Er verzieht sein Gesicht zu einem breiten Grinsen. Dann beginnt er laut zu lachen.

»Sherlock, fang!« Jos Stimme dröhnt über die Regale hinweg.

➜ *Du drehst dich um, denn du hast eine Idee ...* 119

➜ *Du rennst weiter, vielleicht schaffst du es ja doch noch irgendwie.* 109

105

Du stürmst los. Mit zwei Schritten bist du bei Pfeiffer und Kai. Du rammst beide aus vollem Lauf, so dass ihr alle drei mit voller Wucht gegen das Regal mit den Basketbällen knallt. Krachend bricht das Holzgestell über euch zusammen. Minz greift schnell zu und bringt die Pistole in Sicherheit, bevor auch er von der Basketball-Lawine zu Boden geworfen wird. Auch Sabrina, Jo und Smarty werden unter den Bällen begraben. Ein wildes Getümmel entsteht.

➜ *Du kannst aus den Augenwinkeln erkennen, wie Pfeiffer Kai loslässt und in Richtung Fahrstuhl davonrennt.* 104

106

Als ihr im Hinterhof des Mega-Store ankommt, ist es bereits ziemlich duster. Ihr schleicht vorsichtig zum Hintereingang. Smarty schleppt einen Kassettenrekorder mit sich, den ihr euch von Jana geborgt habt. So könnt ihr das Gespräch der beiden Ganoven auf Band aufnehmen.

Jo legt die Hand auf die Klinke und drückt sie leise nach unten. Tatsächlich, die Türe ist offen. Vorsichtig huscht ihr hinein. Sabrina zückt ihre Taschenlampe und leuchtet vorsichtig durch die Verkaufsräume. Alles ist still, nirgends eine Menschenseele zu sehen. Trotzdem schleicht ihr leise und vorsichtig weiter. Wahrscheinlich ist Pfeiffer hier schon irgendwo unterwegs.

➜ *Also ist absolute Vorsicht geboten.* 102

107

Im Licht des Fahrstuhles erkennst du Minz. Er tritt einen Schritt heraus und ruft vorsichtig: »Pfeiffer? Sind Sie da?« Unerwartet wie ein Donnerschlag kommt polternd die Antwort: »Komm her, Minz.« Dann gehen im Raum die Lichter an. Die Nacht wird zum Tag. Nur wenige Meter von dir entfernt steht Pfeiffer am Sicherungskasten.

Pfeiffer winkt Minz heran. Der fängt an zu stammeln: »Boss, ich kann nicht mehr. Ich glaube, die sind uns auf der Spur. Gib mir meinen Anteil, ich mach mich dünne.« Pfeiffer lacht dröhnend. »Das denkst du! Wovon soll ich deinen Anteil bezahlen? Schließlich hast du die ganze Sache versiebt!« – »Aber Boss, das mit dem Einbruch habe ich doch prima hingekriegt.« Pfeiffer schüttelt den Kopf. »Du bist eine Flasche, Minz. Ich musste extra die Alarmanlage ausschalten, das Fenster öffnen und dir das Dynamit besorgen. Und dann hast du eine Spur hinterlassen wie eine tollwütige Elefantenherde. Fast wäre die Polizei darüber gestolpert, wenn die nicht genauso blöd wäre wie du.« Minz knetet seine Hände und schaut recht unglücklich drein. Doch Pfeiffer fährt fort: »Endgültig versiebt hast du die Sache dann bei der Übergabe ...«

Du schaust zu Smarty. Der hebt den Daumen und deutet auf den Kassettenrekorder, der alles aufzeichnet.

➜ *Hast du eigentlich einen »Karabinerhaken« auf deiner Abenteuerkarte?* 118

➜ *Ansonsten kannst du weiter lauschen.* 116

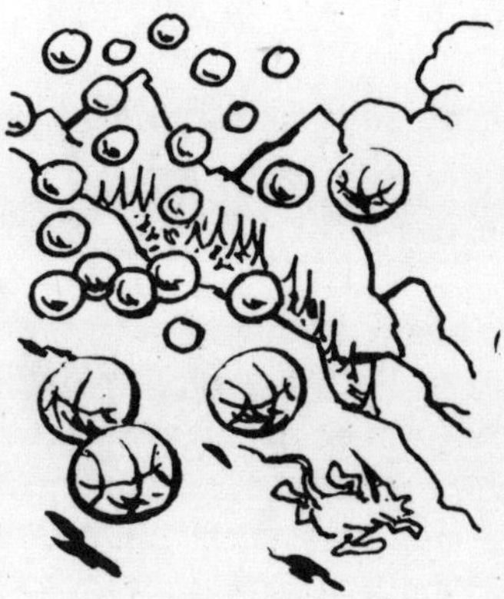

108

Pfeiffer wehrt sich mit aller Kraft. Da habt ihr schlechte Karten. Er schlägt um sich, verpasst Sabrina ein blaues Auge und dir einen Schlag in die Magengrube. Dir wird übel. Vor dir steht Pfeiffer, die Hände in die Hüften gestemmt: »So, Bürschchen, hältst dich wohl für Supermann?« Du sagst gar nichts mehr. Stattdessen schreitest du zu deiner letzten Tat: Mit ganzer Kraft lässt du dich nach vorne fallen und rammst dabei deinen Kopf mit voller Wucht direkt in Pfeiffers Magen. Beinahe zeitgleich tritt Sabrina eurem alten Herrn ordentlich vors linke Schienbein. Das war zu viel. Pfeiffer geht zu Boden. Du rappelst dich hoch und lächelst Sabrina an: »Mann, gibt das ein Veilchen!« Währenddessen sind auch die anderen im Treppenhaus auf dem Weg nach unten.

Schließlich kommt der Fahrstuhl in der Eingangshalle an, die Türe öffnet sich. Ihr steht mit dem Rücken zu ihr, weil ihr euch auf Pfeiffer konzentriert. Plötzlich ertönt hinter euch eine wohl bekannte Stimme:

→ *»Gratuliere, da habt ihr mal wieder ganze Arbeit geleistet!«* 101

109

Pfeiffer sieht dich näher kommen und drückt rasch auf den Knopf. Du setzt zum Endspurt an. Die Türe beginnt sich zu schließen.

➜ *Findest du auf deiner Abenteuerkarte das »Streetbasketbuch« oder den »Reiseführer«?* 115

➜ *Wenn nicht, dann hilft nur noch ein Wunder.* 94

110

Kai ist unvorsichtig und geht zu dicht an Pfeiffer vorbei. Dieser nutzt seine Chance und schnappt mit einer blitzschnellen Bewegung zu. Kai wehrt sich. Minz droht mit der Pistole, aber Pfeiffer weiß genau, dass Minz keine Chance hat. Er packt Kai im Würgegriff und schreit: »Minz, lass die Pistole fallen oder ich breche dem kleinen Giftzwerg sämtliche Knochen.« Minz schaut euch resigniert an. Dann legt er die Pistole langsam auf den Boden. Pfeiffer bewegt sich darauf zu und bückt sich vorsichtig danach.

➜ *Jetzt oder nie. Hast du genug Mumm für eine schnelle Attacke?* 105

➜ *Du bleibst schön brav stehen, ohne dich einzumischen.* 114

111

Du schließt die Augen und machst dich so klein wie möglich. Eine Taschenlampe wird angeknipst. Aus den Augenwinkeln siehst du, wie der Lichtstrahl durch den Raum wandert. Du machst dich noch kleiner. Smarty ebenso. Direkt über euch fährt der Strahl dahin. Beinahe hätte er euch erwischt. Wenig später gehen im Raum die Lichter an. Die Nacht wird zum Tag. Fast versinkst du im Boden. Du hörst Pfeiffers Stimme: »Na endlich, Minz, ich dachte, du kommst gar nicht mehr.« Du blinzelst hoch. Nur wenige Meter von dir entfernt steht Pfeiffer am Sicherungskasten.

Pfeiffer winkt Minz heran. Der fängt an zu stammeln: »Boss, ich kann nicht mehr. Ich glaube, die sind uns auf der Spur. Gib mir meinen Anteil, ich mach mich dünne.« Pfeiffer lacht dröhnend. »Das denkst du! Wovon soll ich deinen Anteil bezahlen? Schließlich hast du die ganze Sache versiebt!« – »Aber Boss, das mit dem Einbruch habe ich doch prima hingekriegt.« Pfeiffer schüttelt den Kopf. »Du bist eine Flasche, Minz. Ich musste extra die Alarmanlage ausschalten, das Fenster öffnen und dir das Dynamit besorgen. Und dann hast du eine Spur hinterlassen wie eine tollwütige Elefantenherde. Fast wäre die Polizei darüber gestolpert, wenn die nicht genauso blöd wäre wie du.« Minz knetet seine Hände und schaut recht unglücklich drein. Doch Pfeiffer fährt fort: »Endgültig versiebt hast du die Sache dann bei der Übergabe ...«

Du schaust zu Smarty. Der hebt den Daumen und deutet auf den Kassettenrekorder, der alles aufzeichnet.

➜ *Hast du eigentlich einen »Karabinerhaken« auf deiner Abenteuerkarte?* 118

➜ *Ansonsten kannst du weiter lauschen.* 116

112

Dich hält nichts mehr. Du stürmst aus deinem Versteck und schreist: »NEIIIN!« Pfeiffer fährt herum und schaut dich irritiert an. Die anderen stürmen hinter dir her. Dr. Seltsam huscht blitzschnell an dir vorbei und springt Pfeiffer direkt ins Gesicht. Dort krallt er sich an dessen Nase fest und faucht den Mann fürchterlich an. Pfeiffer lässt die Pistole fallen und versucht, Dr. Seltsam abzuschütteln.

Ihr nutzt die Chance, um Pfeiffer zu überwältigen. Minz schnappt sich unterdessen die Pistole. Pfeiffer schüttelt euch ab und erstarrt, als er Minz mit der Pistole sieht: »Nicht, Minz. Tu das nicht!«

Minz blickt Pfeiffer an. »Nein, ich werde dir nichts tun. Ich werde dich der Polizei ausliefern. Mir reicht es. Ich stelle mich, bevor ich noch tiefer im Morast versinke.«

Dann wendet sich Minz an euch: »Einer von euch sollte die Polizei anrufen. Ich halte Pfeiffer solange in Schach.«

➜ *Kai macht sich auf den Weg.* 110

113

Ihr ringt wie die Wilden mit Pfeiffer, der zwar viel Masse, jedoch wenig Geschick aufzubieten hat. Sabrina gelingt es, Pfeiffer festzuhalten, bis du die Drachenschnur mehrmals um ihn gewickelt hast. In diesem Moment hat Pfeiffer endgültig verloren. Während ihr Pfeiffer im Fahrstuhl auf der Fahrt nach unten zu einem handlichen Paket verschnürt, rennen die anderen durch das Treppenhaus nach unten. Schließlich öffnet sich die Türe. Ihr steht mit dem Rücken zu ihr, weil ihr euch auf Pfeiffer konzentriert. Plötzlich ertönt hinter euch eine wohl bekannte Stimme:

→ *»Gratuliere, da habt ihr mal wieder ganze Arbeit geleistet!«* 101

114

Keine Chance für eine Hilfetat. Gebannt verfolgst du, wie Pfeiffer die Pistole mit den Fingerspitzen berührt. Da fängt Kai an zu zappeln und Pfeiffer hat Mühe, zuzugreifen. Fast sieht es so aus, als ob es ihm gelänge. Da stürzt sich Minz auf Pfeiffer. Beide gehen zu Boden. Kai bringt die Pistole außer Reichweite und fällt dabei gegen ein Regal. Das große Holzgestell mit den Basketbällen beginnt bedrohlich zu wackeln. Schließlich kippt es. Ein wildes Getümmel entsteht.

→ *Du kannst aus den Augenwinkeln erkennen, wie Pfeiffer sich aufrappelt und in Richtung Fahrstuhl davonrennt.* 104

115

Die Fahrstuhltüre schließt sich unaufhaltsam. Du bist nur noch wenige Schritte entfernt. Du zückst das Buch und schleuderst es in vollem Lauf in Richtung Fahrstuhl. Du bleibst stehen und beobachtest, wie das Buch scheinbar im Zeitlupentempo über den Boden schlittert. Deine Nerven sind zum Zerreißen gespannt. Das Buch rutscht zwischen die sich schließende Türe und wird eingeklemmt. Der Schutzmechanismus greift. Kurz stockt die Türe, dann öffnet sie sich wieder. Kaum ist der Blick auf das ungläubige Gesicht Pfeiffers frei, da ist Sabrina auch schon da. Gemeinsam stürzt ihr euch auf den verwunderten Mann. Doch der wehrt sich mit aller Kraft der Verzweiflung.

➜ *Kannst du auf deiner Abenteuerkarte die »Drachenschnur« finden?* 113

➜ *Andernfalls müsst ihr euch ohne durchboxen.* 108

116

»Wieso, Chef? Das war doch nicht meine Schuld.« Pfeiffer regt sich auf: »Du solltest das Zeug sicher in dem Basketball verstauen und dann hierherkommen, um zu reklamieren. Du solltest darauf bestehen, dass die Angestellten mich holen.« Minz verteidigt sich: »Hab ich doch, Chef.« – »Ja, aber nicht deutlich genug. Wir hätten die Übergabe so locker hinbekommen. Ich hätte Schmuck und Versicherungssumme kassieren können. Damit wäre ich meine gesamten Spielschulden mit einem Mal losgeworden. Aber du

Träne hast alles vermasselt. Du hast solch ein Chaos produziert, dass die Verkäuferin schließlich deinen Basketball einer Kundin eingepackt hat.« Pfeiffer läuft rot an und fährt fort: »Jetzt stehe ich genauso da wie vorher und Dank deiner Blödheit kommen sie uns am Ende noch auf die Schliche. Doch ich weiß einen Ausweg.« Pfeiffer zieht eine Pistole und richtet sie auf Minz, der sich vor Angst fast in die Hosen macht. »Ich werde heute Abend einen Einbrecher auf frischer Tat ertappen und, leider, in Notwehr erschießen müssen. Zu schade. Aber damit sind sämtliche Spuren endgültig verwischt, welche die Polizei zu mir führen könnte.«

➜ *Pfeiffer spannt den Hahn.*

117

Unten verlasst ihr den Mega-Store so schnell wie möglich. Kai lobt Sabrina: »Mann, so cool wie du möchte ich sein. Wen hast du eigentlich angerufen?« – »Niemand.« Kai runzelt die Stirn: »Niemand? Aber du hast doch auf die Tastatur gedrückt.« Sabrina bestätigt: »Richtig. Schon mal was von Wahlwiederholung gehört?« Jetzt dämmert es euch allen. Erwartungsvoll starrt ihr Sabrina an, doch die schaut unverfroren zurück. Jo hält es nicht länger aus: »Und?« – »Und was?« – »Ja, wen hatte Pfeiffer angerufen?« Sabrina grinst: »Da würdet ihr nie draufkommen: Das Spielkasino in Bad Blaufelden!«

Whow! Das erste echte Indiz. Offensichtlich hat Pfeiffer Schulden im Spielkasino – und ebenso offensichtlich hat er Schwierigkeiten damit, sie zu bezahlen. Am offensichtlichsten aber ist für euch heute Zapfenstreich. Denn unternehmen könnt ihr nicht mehr viel und zu Hause müsstet ihr eigentlich auch schon lange sein.

➜ *Morgen werdet ihr besprechen, wie ihr weiterverfahren wollt.* 95

118

Plötzlich hörst du direkt neben dir ein lautes Scheppern. Du siehst nach unten. So ein Mist. Dir ist der Karabinerhaken aus der Tasche gefallen. Pfeiffer zieht eine Pistole aus seiner Tasche und hält sie in deine Richtung. Du hebst die Hände. Auch die anderen Z.A.P.er kommen langsam aus den Zelten. Da reagiert Minz. Er wirft sich auf Pfeiffer und die beiden gehen zu Boden. Ihr stürzt hinzu. Bei dem Getümmel verlierst du alle Gegenstände, die du bei dir trägst.

✔ *Streiche alle Gegenstände von deiner Abenteuerkarte.*

Schließlich gelingt es Minz, die Pistole in seine Gewalt zu bringen. Jetzt hält er Pfeiffer damit in Schach, sodass ihr euch aufrappeln könnt.

Nachdem die Fronten geklärt sind, berichtet euch Minz: »Ich sollte den Schmuck in einem Basketball verstauen und dann hierher kommen, um den Ball zu reklamieren. Ich sollte darauf bestehen, dass die Angestellten Pfeiffer holen. Der hätte Schmuck und

Versicherungssumme kassiert. Damit wäre er seine gesamten Spielschulden mit einem Mal losgeworden. Aber leider ist dieser Basketball dann irgendwie mit einem anderen vertauscht worden. So kam eine Unschuldige in Verdacht.«

Minz schickt Kai los, um die Polizei zu rufen. Der kommt auf seinem Weg zu dicht an Pfeiffer vorbei. Pfeiffer nutzt seine Chance und schnappt mit einer blitzschnellen Bewegung zu. Kai wehrt sich. Minz droht mit der Pistole, aber Pfeiffer weiß genau, dass Minz ihm nichts anhaben kann. Er packt Kai im Würgegriff und schreit: »Minz, lass die Pistole fallen oder ich breche dem kleinen Giftzwerg sämtliche Knochen.« Minz schaut euch resigniert an. Dann legt er die Pistole langsam auf den Boden. Pfeiffer bewegt sich darauf zu und bückt sich vorsichtig danach.

→ *Jetzt oder nie. Hast du genug Mumm für eine schnelle Attacke?* 105

→ *Du bleibst schön brav stehen, ohne dich einzumischen.* 114

119

Tatsächlich! Jo wirft dir quer durch den Raum einen Basketball zu. Gerade noch rechtzeitig kannst du reagieren und ihn fangen. Du wendest deinen Blick zur Fahrstuhltüre, die sich bereits zur Hälfte geschlossen hat. Du hast höchstens noch zwei Sekunden zum Handeln. Danach ist alles zu spät. Du siehst Pfeiffers feistes Grinsen. In dir steigt eine mordsmäßige Wut auf, begleitet von einem eiskalten Willen. Du drückst den Ball von dir weg. Das wird der härteste Pass, den du je geworfen hast. Der Ball zischt los, man hört förmlich, wie die Luft aus seiner Bahn weicht. Pfeiffers Grinsen weicht ungläubigem Erstaunen und wird zu fassungslosem Entsetzen, als der Ball gerade noch um Millimeter durch die sich schließende Fahrstuhltüre rauscht. Ein Magenschuss! Pfeiffer geht zu Boden, die Fahrstuhltüre schließt sich.

Das ist eure Chance. Sabrina folgt dir zum Treppenhaus. Ihr stürmt die Treppe hinunter in die Eingangshalle. Hinter euch hört ihr die anderen kommen. Dein Blick fällt in den offenen Fahrstuhl: Auf dem Boden liegt Pfeiffer, giftgrün im Gesicht. Jammernd und winselnd hält er sich den Bauch. Gerade wollt ihr den Fahrstuhl betreten, als hinter euch eine bekannte Stimme ertönt:

➜ *»Gratuliere, da habt ihr mal wieder ganze Arbeit geleistet!«* 101

120

Alle drehen sich um. An der Treppe steht – Bruder Jakob! Er fährt fort: »Mit ihrem Einverständnis, Herr Kommissar, würde ich die Kinder jetzt gerne nach Hause bringen.« Kuckelmann schweigt eine Weile, bevor er nickend zustimmt. Dann bläst er zum Rückzug: »Also gut. Wir gehen. Und alle Beteiligten tanzen morgen früh bei uns im Präsidium zur Zeugenaussage an!«

Als Kuckelmann mit seinen Männern verschwunden ist, macht sich Herbert Minz auf die Socken. Nun gibt es auch für euch keinen Grund mehr zu bleiben. Ihr steigt alle zusammen in Bruder Jakobs altersschwachen VW-Käfer.

»Wie geht es Jana?«, will Kai wissen. »Oh, ganz gut. Sie haben die Hand wieder zusammengeflickt.« – »Sollen wir hinfahren und ihr die Neuigkeiten erzählen? Schließlich ist sie jetzt entlastet.« – »Das werden wir schön bleiben lassen. Jana braucht Ruhe und ihr euren Schlaf. Morgen Nachmittag ist es auch noch nicht zu spät.«

Bruder Jakob fährt euch nacheinander nach Hause. Du bist der Letzte. Vor eurem Haus musst du noch eine Frage loswerden. Du wendest dich an Bruder Jakob:

»Sagen Sie mal, Kuckelmann wurde von Ihnen angerufen, oder?«

Bruder Jakob lächelt rätselhaft: »Diese Frage solltest du mir nicht stellen.«

»Warum nicht?«

»Du weißt doch, Pfarrer dürfen nicht lügen!«

Damit tippt er sich zu einem letzten Gruß an die Stirn und tuckert ab in die Dunkelheit ...

Abenteuerkarte

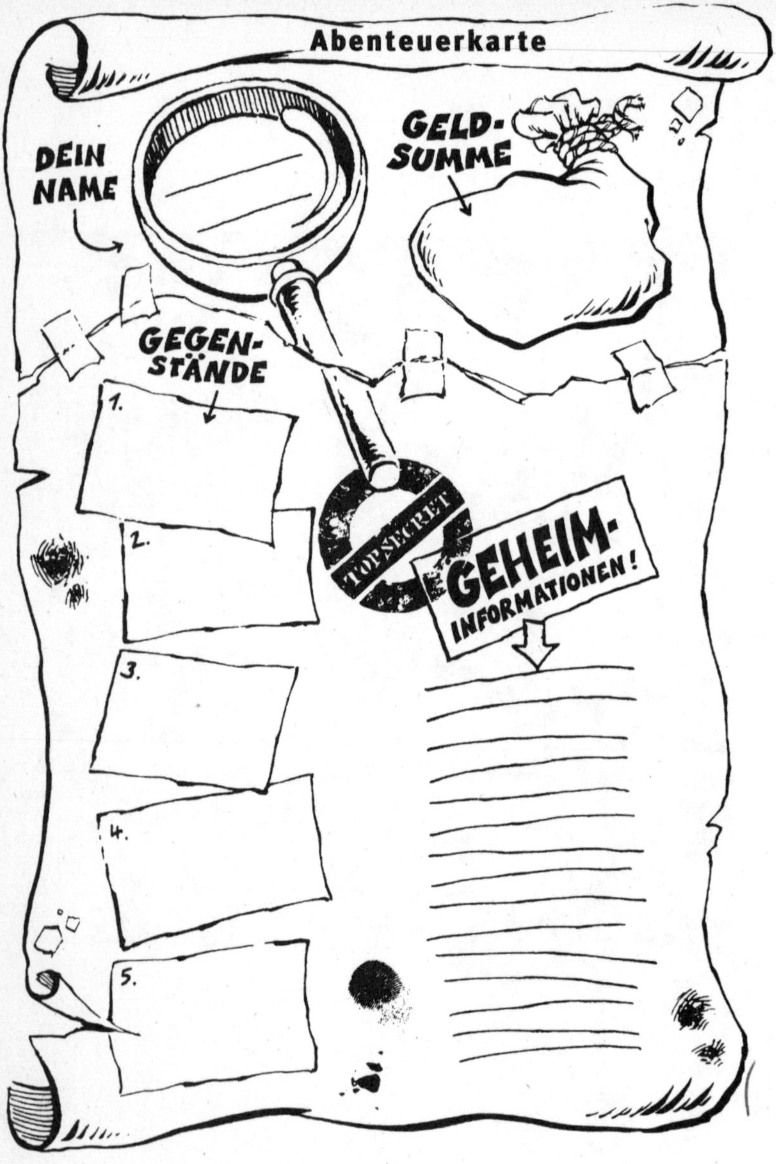

Die geheimnisvolle Villa

Seit Martin, der Neue in der Klasse von Kai, Jo und Sabrina, in die alte Villa gezogen ist, kommen dort nachts die seltsamsten Geräusche aus dem Keller. Und vor der Villa parken geheimnisvolle Wagen mit Fahrern, die nie aussteigen. Da sich keiner für die Beobachtungen der drei Freunde interessiert, beginnen sie, die Sache selbst in die Hand zu nehmen.

Gerit Kopietz / Jörg Sommer
Z.A.P.
Der interaktive Krimi zum Mitraten
Die geheimnisvolle Villa
Band 80351

Fischer Schatzinsel

fi 80351 / 1